Henryk M. Broder
Hamed Abdel-Samad

Entweder Broder

Die Deutschland-Safari

Knaus

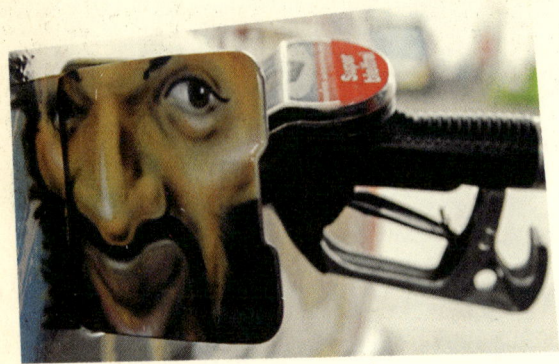

Verlagsgruppe Random House FSC-DEU-0100
Das für dieses Buch verwendete FSC®-zertifizierte Papier
München Super liefert Arctic Paper Mochenwangen AB,
Schweden.

1. Auflage
© 2010 beim Albrecht Knaus Verlag, München,
in der Verlagsgruppe Random House GmbH
Layout und Satz: Oliver Schmitt, Mainz
Lektorat: Hilde Recher
Druck und Bindung: Tesinska Tiskarna a.s., Cesky Tesin
Printed in the Czech Republic
ISBN 978-3-8135-0421-7

www.knaus-verlag.de

Inhalt

Henryk M. Broder

Blind Date mit Hamed

Ich habe lange überlegt, wen ich bitten könnte, mit mir auf Deutschland-Safari zu gehen. Meine erste Wahl wäre Barbara Schöneberger gewesen, aber ihr Management war dagegen. Man befürchtete dort einen nachhaltigen Imageschaden. Nicht wegen mir, sondern weil die »Safari« von drei ARD-Sendern produziert würde (HR, BR und SR). Dann spielte ich kurz mit dem Gedanken, Charlotte Roche zu fragen, aber die war schon an Roger Willemsen vergeben, mit dem ich nicht einmal im selben ICE eingesperrt sein möchte.

Nachdem wir ein paar weitere Kandidaten geprüft und verworfen hatten, beschlossen wir: Es muss jemand mit einem intakten Migrationshintergrund sein. Den habe ich zwar auch, aber meiner ist schon sehr ausgebleicht, wie eine Jeans nach tausendundeiner Wäsche. Mir schwebte eine Art »Papalangi« vor, ein edler Wilder, der vor Kurzem erst nach Deutschland gekommen ist und sich den naiven, unverdorbenen Blick auf das Land bewahrt hat. Einer, der sich darüber wundert, dass über ein- und derselben Tür auf der einen Seite »Eingang« und auf der anderen Seite »Ausgang« steht. Einer, der noch nie auf dem Oktoberfest war, noch nie eine Rolltreppe gesehen hat und den Hinweis »Es ist verboten, Lasten in Aufzügen zu befördern, in denen das Befördern von Lasten verboten ist« für eines der Gebote hält, die beim Marsch der Israeliten durch die Wüste verloren gegangen sind.

Wir fragten sowohl beim Goethe-Institut wie auch beim DAAD nach, erfolglos. Man hatte dort nur Geisteswissenschaftler im Angebot, die nach Deutschland gekommen waren, um hier vergleichende Studien über Antisemitismus und Islamophobie anzustellen.

Nein, wir wollten jemanden haben, der klug, aber nicht verbildet ist, der sich seine Natürlichkeit und Ursprünglichkeit bewahrt, der noch nie einen Text von Peter Sloterdijk gelesen und keine Ahnung hat, wie die Quadriga auf das Brandenburger Tor gekommen ist. Eher Bauch- als Kopfmensch, einer wie Axel Schulz, nur ein wenig kleiner und feiner.

Hamed lernte ich zufällig kennen. Er hatte ein Buch geschrieben, und ein gemeinsamer Freund meinte: »Ihr müsst Euch mal treffen!« Die erste Begegnung in einem Münchener Café war enttäuschend. Wie ein Blind Date bei KFC. Hamed sprach leise und in kompletten Sätzen, er benutzte Messer und Gabel, und er führte die Tasse zum Mund und nicht den Mund zur Tasse, wie ich es gelernt hatte. Das sollte ein Araber und ein Moslem sein? Gegen ihn sprach auch, dass er eine sehr attraktive japanische Dänin geheiratet hatte, die keine Burka und keinen Hijab, nicht einmal ein Kopftuch trug.

Nach der ersten Runde Kuchen war mir klar: Er verstellte sich. Er erzählte, dass er promovieren wollte. Mir lag die Frage auf der Zunge: »Heißt Ihr Doktorvater Bin-Laden?« Nach der zweiten Kuchenrunde hatte ich ein ungutes Gefühl. War es möglich, dass mit meinen Vorurteilen etwas nicht stimmte? Aber ich habe doch keine Vorurteile! Ich glaube nur, dass Juden besonders intelligent, Polen besonders faul und Araber besonders grausam sind.

Nach ein paar Wochen trafen wir uns wieder, diesmal in Kopenhagen, wo Hameds Frau, Conny, Philosophie studiert.

Wir testeten Cafés, klapperten Smørrebröd-Lokale ab und besuchten auch Christiania, wo wir eine alternative Gesellschaft von ihrer dunkelsten Seite erlebten.

Und was soll ich Ihnen sagen? Am Ende des Tages hatten wir beide das Gefühl, als ob wir uns schon lange kennen würden.

Nein, wir wollen den Nahost-Konflikt nicht lösen, das überlassen wir den Gutmenschen aller Couleur, wir wollen weder das Abendland vor dem Untergang noch das Morgenland vor der Moderne retten.

Unser Beitrag zum Weltfrieden passt in ein Teeglas, beziehungsweise eine Kaffeetasse. Wir machen uns gerne über andere lustig, am liebsten über Juden und Moslems. Denn es sind schon sehr komische Kollektive, die uns hervorgebracht haben.

Hamed Abdel-Samad

Der Groß-Ajatollah und ich

Ein älterer grauhaariger Jude
fragte mich eines Tages, ob ich
Lust hätte, mit ihm eine Deutschland-Safari zu unternehmen.
»Will ich das?«, fragte ich mich.
Dass er Jude ist, erschien mir halb
so schlimm, das Problem war eher,
dass er Henryk M. Broder heißt. Der
Groß-Ajatollah der journalisti-
schen Polemik war mir schon eine
Weile aus den Medien als Schwer-
gewicht bekannt, und nicht nur
wegen seines Körpergewichts. Bevor
ich ihn persönlich kennen gelernt
hatte, empfand ich ihn als eine
Mischung aus Peter Scholl-Latour
und Dirk Bach. Eine gelungene Kom-
bination aus einem selbstsicheren
Welterklärer und einem unruhigen
Komiker, der unter dem Druck steht,
Gags am laufenden Band produzieren
zu müssen.

Außerdem haben Broders Äußerungen zum Islam mich
früher ziemlich aufgeregt. Ich habe es ihm übel genommen,
dass er es ablehnte, zwischen Islam und Islamismus zu
unterscheiden. Außerdem hat er einmal vorgetäuscht, zum
Islam konvertiert zu sein, um mit den Gefühlen meiner
Glaubensbrüder und -schwestern zu spielen.

Doch die Vorstellung, dass ein Jude einem Moslem
Deutschland zeigt und ihm die deutsche Seele erklärt,
reizte mich trotzdem. Darüber hinaus versprach Broder, mir
unterwegs eine Menge Gottesbeweise zu liefern. Ich über-
legte kurz und dachte, neben Broder erscheine ich auf jeden
Fall jünger, klüger und vor allem: schlanker. Ich hatte
nichts zu verlieren. Ich sagte zu.

Als unsere Reisepläne bekannt wurden, warnten mich
etliche moslemische Freunde und deutsche linke Intellek-
tuelle, die es gut mit mir meinten: »Bist Du verrückt
geworden? Hast Du niemanden außer Broder für so etwas
gefunden?«
Diese Warnungen bewirkten das Gegenteil, denn die
Erfahrung hat mich gelehrt, wenn Muslime und deutsche
Linke sich gemeinsam über etwas ärgern, dann kann die
Sache nicht ganz schlecht sein.

Die Frage aber blieb: Was kann mir dieser Jude mit
Migrationshintergrund über Deutschland erzählen, was ich
nicht ohnehin schon weiß? Schließlich lebe ich seit über
fünfzehn Jahren in Deutschland und habe fast alle Ecken
der Republik bereist. Ich ahnte damals nicht, dass mir
viele Facetten Deutschlands immer noch verborgen waren.
Broder meinte, ich solle das Deutschland, das ich kenne,
vergessen, er werde mich durch ein ganz anderes Deutschland führen.

Ich fragte mich: Was kann ein entwurzelter Araber
einem chronisch rechthaberischen Juden auf solch einer
Reise denn bieten? Wo ist der Haken? Bin ich vielleicht
in eine jüdische Verschwörung geraten? Nur Broder oder
der Mossad können diese Fragen beantworten. Oder vielleicht Sie, als Leser dieses Buches über unsere Deutschland-Safari.

Wilma

Im Grunde fühle ich mich benutzt

Mein Name ist Wilma. Ich bin ein Drahthaar-Foxterrier und zehn Jahre alt. Also ziemlich erwachsen, wie ich finde. Mein „Herrchen" (was für ein bescheuerter Begriff) behandelt mich aber wie ein Kind. Er rechtfertigt das damit, dass ich mindestens 17 werden würde. Das habe ihm der Verkäufer versprochen.

Mein „Herrchen" heißt Henryk. Sie kennen ihn vielleicht – ständig tritt er in Talkshows auf. Meiner Ansicht nach nur, um Leute zu ärgern. Er behauptet aber, er spräche nur längst überfällige und gesellschaftlich notwendige Wahrheiten aus. Das müsse sein, auch wenn's weh tut.

Für seine Wahrheiten hackt Henryk bis spät in die Nacht im Hotelzimmer auf seinem Laptop herum. Er schreibt dann Artikel, über die er sich selbst am meisten freut. Viele Menschen ärgern sich aber über ihn. Sie sagen, er sei ein Polemiker und nur auf Krawall aus. Ich kann das nur bestätigen.

Mir ist das aber egal. Ich finde nur das dauernde Klappern der Tastatur nervtötend. Meist liege ich neben ihm und versuche, ab und an seine Aufmerksamkeit zu erheischen. Er wiederum versucht dann, mich mit seinen holländischen Keksen ruhig zu stellen. Davon hat er einen unerschöpflichen Vorrat.

Ich würde auch lieber öfter mit ihm spazieren gehen. Aber er bewegt sich nicht gerne. Wieso braucht so jemand eigentlich einen Hund? Darauf komme ich noch zurück!

Jetzt hat Henryk sich auf einen neuen Blödsinn eingelassen. Er will TV-Star werden. Wie Borat oder Michael Moore, aber für die „richtige Sache". Dafür geht er auf eine „Deutschland-Safari". So nennt er das jedenfalls.

„Und Du darfst mit, liebe Wilma. Ein großes Privileg für einen Hund." So verkauft er mir, dass ich keine Gage bekomme. Dabei braucht er mich dringend, denn Kinder und Tiere bringen die Quote.

Und dann schleppte er eines Tages auch noch einen notorischen Hundehasser an. Ich konnte es riechen. „Das ist Hamed", stellte er ihn mir vor, „der kommt mit auf unsere Safari."

Kurz darauf sind wir in ein höchst merkwürdiges Auto gestiegen und losgebraust. Das Auto ist außen grässlich bemalt und innen unglaublich kitschig dekoriert. Es ist mit einem gruseligen Leopardenfell ausgelegt und mit dubiosem Nippes vollgestopft. Wie eine Türkenschaukel ohne „türkisch". Die Türen stöhnen, wenn man ein- und aussteigt. Wie ist mir das Auto peinlich! Insgeheim glaube ich ja, das Auto ist schwul. Und zu allem Über- fluss haben sie dieser Affenschaukel auch noch einen Namen gegeben: Kurt.

Ist das nicht entsetzlich? Ich hab mich einfach auf das Leopardenfell gelegt und mich gewundert. Doch „Kurt" hat mir insgeheim leid getan. Sie haben ihn fürchterlich zugerichtet. Und er konnte sich ebenso wenig gegen all das wehren wie ich.

Hamed konnte mich, wie gesagt, nicht leiden. Aber, um ehrlich zu sein, das beruhte auf Gegenseitigkeit. Henryk hat mir erzählt, dass Hamed Moslem ist, und ich weiß, dass Moslems keine Hunde mögen. Henryk hat mir außerdem befohlen, nachsichtig mit dem Moslem zu sein, denn der müsse sich erst noch richtig integrieren ... Henryk ist übrigens Jude, und Juden und Moslems sollen sein wie Hund und Katz.

Erst mal auf Achse, habe ich schnell kapiert, warum ich so unentbehrlich war: Sie brauchten ein so hübsches, sozial verträgliches Tier wie mich, damit nicht gleich auffallen würde, wie fies sie zu den Menschen sind, die sie vor der Kamera interviewt haben. Henryk und Hamed wollten mit mir an der Seite als herzensgute Menschenfreunde erscheinen. Ab und zu haben sie mich in Großaufnahme gezeigt. Ab und zu musste ich durchs Bild laufen. Schlecht finde ich das nicht, denn ich stehe auch gerne mal im Mittelpunkt. Gehässige Zungen behaupten ja, dass sich Herr und Hund mit der Zeit immer ähnlicher werden ... Aber trotz allem muss ich sagen: Im Grunde fühle ich mich benutzt, schamlos benutzt.

Übrigens ist Hamed während der vielen tausend Kilometer, die wir zusammen durch Deutschland gefahren sind, zutraulicher geworden. Henryk fand das ganz toll. Er faselte ständig etwas von „gelungener Integration". Ich habe da so meine Zweifel. Ob ich mich in dem ganzen Unternehmen integriert gefühlt habe, danach hat keiner gefragt. Typisch Mensch. Dabei habe auch ich einen Migrationshintergrund, denn ein Deutscher Schäferhund bin ich nicht. Ich will aber gar nicht so genau wissen,

welche Gene ich in mir trage. Zumal ich gehört habe, dass man das Wort „Gene" momentan eher nicht benutzen soll.

Auf unserer Safari waren wir, Henryk, der Moslem, der arme Kurt und ich, unentwegt zusammen. Tagein, tagaus. Ob man das als artgerechte Tierhaltung bezeichnen kann, wage ich zu bezweifeln. Vielleicht kümmert sich ja PETA einmal darum. Oder der BFFS, der Bundesverband der Film- und Fernsehschauspieler. Man hat ja schließlich Rechte in diesem Land, auch wenn man kein Ausländer ist. Oder steht der Tier- und Schauspielerschutz etwa noch nicht in der Verfassung?

Gestern die Juden, heute die Patrioten!

Bei den Neo-Nazis

Hamed und ich haben lange überlegt, wo und mit wem wir unsere Deutschland-Safari beginnen sollten. Auf der Reeperbahn nachts um halb zwei? Bei den Ostermarschierern in Castrop-Rauxel? Bei einer Sternfahrt der Trabi-Fahrer in Kyritz an der Knatter? Schließlich haben wir uns für eine Zusammenkunft der NPD in Berlin-Neukölln entschieden, denn, wie schon Machiavelli richtig gesagt hat: Die nötigen Grausamkeiten müssen am Anfang begangen werden.

Henryk und Hamed fahren los. Hamed mag keine Hunde,
schon gar nicht im Auto.

Henryk: Wilma muss mit!
Hamed: Henryk, wie kannst Du mir das antun? Du weißt,
dass ich Angst vor Hunden habe!
Henryk: Komm schon, Hamed …
Hamed: Ich fahr' mit Deinem Fellschwein nicht mit!
Henryk: Es wird Zeit, dass Du Dich endlich integrierst,
Hamed! Es geht nicht anders.
Hamed: Kann der Hund nicht
wenigstens auf den Rücksitz?
Henryk: Wilma, geh' nach hinten!
Hamed: Und jetzt? Drive?
Henryk: Auf D wie Derwisch.
Hamed: Ich muss mich jetzt auf
die Fahrt konzentrieren.
Henryk: Im Prinzip geht's immer
nur geradeaus. Hast Du eigentlich
einen Führerschein?
Hamed: Nein, hab' ich nicht. Das
verbietet mir meine Religion.

Richtig integriert
fühl ich mich hier
nicht!

Henryk: Und Deine Religion verbietet
es Dir nicht, ohne Führerschein zu fahren?
Hamed: Nein.
Henryk: Und das funktioniert?
Hamed: Wir leben doch in Deutschland, hier darf man
alles. Vor allem, wenn man Ausländer ist.
Henryk: Pass auf, wenn wir angehalten werden, dann
können wir beide kein Wort Deutsch. Okay?
Hamed: Okay.
Henryk: Welche Sprache sprichst Du dann? Arabisch?
Hamed: Ja.
Henryk: Ich Polnisch.
Hamed: So machen wir es.
Henryk: Und wenn der Polizist frech wird, beschweren wir
uns über Fremdenfeindlichkeit.

Hamed: Klar. – Sag mal, Henryk, Du bist doch schon länger Deutscher als ich, oder?

Henryk: Ja, kann man so sagen.

Hamed: Was bedeutet eigentlich Integration?

Henryk: Du meinst das jetzt rein praktisch, nicht nur theoretisch?

Hamed: Ja.

Henryk: Also ich glaube, Integration ist, wenn Du Dich mies benimmst, also so richtig schlecht, wie eine Drecksau – und keiner nimmt es Dir übel. Dann bist Du integriert.

Hamed: Eine typische Broder-Definition zu Deinen Gunsten, weil Du derjenige bist, der sich ständig schlecht benimmt.

Henryk: Genau! Und deswegen bin ich auch so gut integriert.

Hamed: Aber Du machst es Dir viel zu einfach! Was ist eigentlich mit den Muslimen in Deutschland?

Henryk: Du willst wissen, ob die integriert sind oder nicht?

Hamed: Ja.

Henryk: Wer weiß das schon? Und übrigens ist das auch nicht das einzige Problem der Deutschen. Ich zeig' dir mal ein paar Eingeborene, also normale Deutsche ohne Migrationshintergrund, und dann wirst Du Augen machen.

Hamed: Da bin ich aber gespannt.

Henryk: Ich werde Dich nicht enttäuschen.

Hamed: Mir schwant Schreckliches. Jetzt sollten wir eigentlich Wiener Schnitzel mit Sauerkraut essen, damit wir auf das Gespräch vorbereitet sind. Wahnsinn! Und ich bin noch dazu mit einem Juden unterwegs … Was für eine Schande!

Henryk: Ja, was für eine Schande. *(singt)* Denn heute, da hört uns Deutschland und morgen die ganze Welt … Nicht einmal die schönsten Lieder kann man auswendig.

Hamed: Hieß das nicht, heute *gehört* uns Deutschland?

Henryk: Nein, das ist einer der meistverbreiteten Fehler, es heißt: heute, da *hört* uns Deutschland, aber alle singen: *gehört* uns Deutschland. Das ist aber historisch falsch, und wir wollen ja genau sein.

Berlin-Neukölln. Eine Versammlung der NPD im Betriebshof der Stadtreinigung. Das Gelände ist von der Polizei abgeriegelt.

Polizistin: *(energisch)* Bleiben Sie mal einen Moment stehen!
Henryk: Gibt es eine Leibesvisitation, und kann ich mir aussuchen, von wem?
Polizistin: Nee.

Henryk und Hamed werden von einer Gruppe von Demonstranten empfangen, die »Nazis raus!« brüllen.

Henryk: Meinen die uns?
Hamed: Ich geh ja schon, ich geh ja schon.
Henryk: Das ist der beste Empfang, den ich seit Langem hatte.
Hamed: Sensationell.

Henryk: Ich finde das sehr witzig, diese Palmen hier im Hof und die wütenden Nazis in der Baracke.

Hamed: Und diese zwanzig Leute, die sollen eine Gefahr für die Demokratie sein?

Im Gespräch mit zwei NPD-Funktionären.

Henryk: Ist Integration ein Thema in Ihrer Partei? Etwas, worüber Sie sich kontrovers unterhalten?

Erster NPD-Mann: Die DDR ist gescheitert, weil sie die Inländer nicht an der Ausreise hindern konnte. Die BRD wird scheitern, weil sie die Ausländer nicht an der Einreise hindern kann.

Hamed: Ich bin auch Ausländer, ich spreche Deutsch, ich arbeite, bezahle Steuern, war noch nie straffällig. Was muss ich noch tun, um Deutscher zu werden?

Erster NPD-Mann: Natürlich, also aus Sicht von der NPD, hängt es von der Abstammung ab.

Zweiter NPD-Mann: Ja.

Hamed: Und was spielt die Abstammung für eine Rolle?

Erster NPD-Mann: Für Nationalisten, die wir nun mal sind, spielt das eben eine Rolle, nicht?

Hamed: Aber Sie schauen aus wie ein Ägypter!

Zweiter NPD-Mann: Ja, wenn Sie meinen.

Hamed: Sie würden in Kairo glatt als Ägypter durchgehen.

Zweiter NPD-Mann: Das mag sein, aber ich halte das nun auch für ein bisschen übertrieben.

Henryk: Wir stellen nur fest, dass auch Deutsche unterschiedlich aussehen.

Zweiter NPD-Mann: Ja natürlich, die Deutschen sind ja nicht völlig homogen, auch ein Volk ist letztendlich homogen in seiner Verschiedenheit.

Henryk: Aber was hält dann eine Gesellschaft in ihrem Kern zusammen?

Zweiter NPD-Mann: Einfach das Gefühl, und Gefühle sind nicht oberflächlich und dumm. Vieles mag unbewusst sein, aber das Gefühl, dass wir irgendwie zusammengehören, dass wir uns ähnlich sind …

Hamed: Auf Ihrer Website steht: »Gestern die Juden, heute die Patrioten!«

Zweiter NPD-Mann: Mhm.

21

Hamed: Früher hieß es »Kauft nicht bei Juden!«, heute heißt das »Unterstützt nicht die Rechte!« Was war damals eigentlich los mit den Juden, aus Ihrer Sicht?

Zweiter NPD-Mann: Ja gut, natürlich sind die Juden, ich sag mal, benachteiligt worden, es gab also quasi eine Diskriminierung von Juden im Dritten Reich, ohne Frage. Das abzustreiten wäre ja absurd, aber das passiert ja heute auch …

Henryk: Aber nicht mit den Juden.

Zweiter NPD-Mann: Nee, mit uns Deutschen natürlich.

Hamed: Und Sie fühlen sich jetzt einem Holocaust ausgeliefert, quasi?

Zweiter NPD-Mann: Das wäre jetzt sicherlich übertrieben, ich meine, wir werden ja nicht körperlich vernichtet, aber natürlich wird unsere berufliche Existenz …

Erster NPD-Mann: Also mir sind die Scheiben schon eingeschmissen worden, und da musste ich irgendwie daran denken.

Hamed: Aber Juden wurden körperlich vernichtet.

Zweiter NPD-Mann: Natürlich gab es auch …

Erster NPD-Mann: Ich würde mich zu solchen strafrechtlich relevanten Sachen nicht äußern.

Zweiter NPD-Mann: … natürlich gab es auch Juden, die ermordet worden sind, natürlich. Aber ich sag mal so, das ist ein weites Thema: '39 und was danach kam. Ja also, ich sag mal, Krieg ist immer Eskalation der Verhältnisse.

Ich habe eine letzte Bitte an Sie: Wenn Sie an die Macht kommen, bitte verschonen Sie mich!

Es gibt doch immer einen wissenschaftlichen Austausch. Sie als Akademiker …

Alles klar.

Machen Sie's gut.

Zurück im Auto.

Henryk: Wilma, ab nach hinten!
Hamed: Also wirklich, dieser Typ … Ich dachte gar nicht, dass es solche Deutsche immer noch gibt. Die erinnern einen ja an »Schindlers Liste«. Richtige KZ-Aufseher.
Henryk: Links, rechts, links, rechts.
Hamed: Richtige KZ-Aufseher.

Frau Schramm,
die Polit-Putze

Henryk und Hamed fahren im Auto durch Berlin-Rudow.

Hamed: Hast Du gerade diese Frau gesehen?

Henryk: Nein, wo?

Hamed: Eine ältere Frau, ich glaube, sie beschmiert die Wand mit Graffiti. Was ist bloß los in Berlin?

Henryk: So etwas machen doch sonst nur Migranten. Komm, das müssen wir uns ansehen.

Sie parken ihr Auto und gehen zu der Frau.

Hamed: Grüß Gott. Darf ich fragen, was Sie da machen?

Frau Schramm: Ja. Ich entferne hier ein Keltenkreuz, das ist ein entfremdetes Symbol, das auch unter Verbot steht und das schon lang genug dran ist.

Hamed: Sind Sie von der Stadt?

Frau Schramm: Nein, ich mache das selbstverständlich privat.

Hamed: Und warum machen Sie das?

Frau Schramm: Weil ich gegen Nazi-Symbole bin, die müssen ab! Ich kann es nicht ertragen, dass sie geduldet werden.

Henryk: Wie lange steht das schon hier?

Frau Schramm: Ach, ich weiß nicht, wie lange. Etliche Monate, aber ich hab' natürlich nicht immer Farbspray vorrätig. Und ich kann es von dem rauen Sandputz nicht weg reiben. Aber ich finde es unerträglich, deshalb muss ich es jetzt einfach übersprühen.

Henryk: Und Sie sind sicher, dass das Keltenkreuz sozusagen als Ersatz fürs Hakenkreuz gemeint ist?

Frau Schramm: Ja, das benutzen mehr die ganz jungen Neonazis, die Wiking-Jugend hat das auch immer gerne benutzt. Die benutzen das Keltenkreuz, weil sie meinen, dass das erlaubt sei, während das Hakenkreuz ja bekanntlich verboten ist.

Henryk: Haben Sie mal mit den Anwohnern hier gesprochen?

Frau Schramm: Das habe ich mir abgewöhnt, denn die Anwohner, die wollen damit einfach nichts zu tun haben. Die stört das nicht.

Hamed: Und Sie entfernen das dann regelmäßig, oder?

Frau Schramm: Ich mache das regelmäßig, ja. Seit 15 Jahren.

Henryk: Sie machen das ganz alleine, auf eigene Faust?

Frau Schramm: Ja, selbstverständlich. Und ich nenne mich Polit-Putze.

Henryk: Polit was?

Frau Schramm: Polit-Putze.

Henryk: Polit-Putze.

Frau Schramm: Polit-Putze.

Henryk: In welchem Bezirk machen Sie das? Nur hier in Rudow?

Frau Schramm: Ne, ich mache es natürlich bundesweit. Ich war in Halberstadt, in Hamburg, in Münster, in Kiel, in München, in Dachau, dann bin ich nach Passau. Und wurde dort grauenhaft fündig. Und wenn ich zu meiner Schwester fahre, nach Karlsruhe, dann fahre ich zum Beispiel gleich in Ludwigshafen vorbei, da ist die Hölle los. Metergroß »Sieg Heil« und dergleichen.

Henryk: Und da stört sich keiner dran?

Frau Schramm: Nein, leider nicht. Und dann bin ich ins Rathaus gegangen und hab gesagt, dass ich keine Farbe mehr habe, um es zu übermalen, bitte kümmern Sie sich drum, denn das darf doch nicht stehen bleiben. Und dann meinte der Herr im Rathaus, er hätte damit nichts zu tun.

Hamed: Aber wenn Sie so was übersprühen, kommen manchmal die Anwohner und beschweren sich?

Frau Schramm: Die rufen dann oft die Polizei und die ist dann ganz schnell da. Wenn ich aber die Polizei rufe, weil ich bedroht werde, dann muss ich manchmal eine Stunde warten.

Hamed: Wer bedroht Sie?

Frau Schramm: Nazis und Anwohner. Als ich letztens für Dresden eine Parole – die war drei Meter lang – übersprüht hatte, da wollte mich ein Anwohner schlagen, also ein Bürger, ein anständiger Bürger wollte auf mich losgehen. Den hat seine Frau dann festgehalten.

Henryk: Und was war das für eine Parole?

Frau Schramm: »Dresden unvergessen '45!« *(wird ungeduldig)* So, jetzt mache ich mal weiter. Danach habe ich immer ein gutes Gefühl. Der geistige Dreck ist weg.

Hamed: *(schaut interessiert zu)* Jetzt sieht es aus wie ein Affenkopf.

Frau Schramm: Wenn Sie wollen, kann ich Ihnen noch etwas anderes zeigen.

Hamed: Ja, sehr gerne.

Frau Schramm: Ich lade Sie ein.

Henryk: Das Hakenkreuz ist für alle da!

Frau Schramm: Wie auch immer, wie auch immer. *(marschieren zu dritt zu dem Häuschen)*

Frau Schramm zeigt Henryk und Hamed ihr Fotoalbum.

Henryk: Die Schmiererei auf diesem Foto war also in Neukölln?

Frau Schramm: Ja.

Henryk: Und was ist auf diesem Bild?

Frau Schramm: Hier ist ein Hakenkreuz. Eindeutig.

Henryk: Das wird auch übersprüht?

Frau Schramm: Aber selbstverständlich!

Hamed: Was bedeutet Pazifismus für Sie?

Frau Schramm: Ich bin für Frieden, ganz allgemein, ich engagiere mich für den Frieden. Ich bin auch seit ewigen Zeiten in der Friedensbewegung, und dazu gehört auch, etwas für den inneren Frieden zu tun.

Hamed: Haben Sie gezählt, wie viele Symbole Sie schon entfernt haben in Ihrem Leben?

Frau Schramm: Ich kann Ihnen sagen, wie viele: Es sind über 85.000 Sachen.

Hamed: Alle in Deutschland?

Frau Schramm: Nein, auch im Ausland, in Polen, in Luxemburg, in Straßburg und in Brüssel.

Henryk: Was war das für ein Symbol in Polen?

Frau Schramm: In Polen, in Lublin, das wird Ihnen bestimmt nicht gefallen, war das ein Galgen und ein Davidstern dran. Da war ich auf Gedenkstätten-Fahrt mit der SPD. Als ich das sah, habe ich gebrüllt: Guckt doch mal! Wir waren eben in Majdanek, das fandet Ihr doch alle so grausam, und daran geht Ihr nun vorbei! Das muss weg! Ne, sagten sie, wir wollen Shopping machen, ich hab fast geheult vor Wut. Und dann kam ein älterer Herr, der hat mir die Hand auf die Schulter gelegt und gesagt: Ich begleite Sie. Und dann habe ich den

Stiel von meiner Spachtel genommen und den ganzen Putz
runter gekratzt, und dann ging es mir wieder gut.

Henryk: Und Sie fotografieren das dann alles?

Frau Schramm: Ich fotografiere das alles, ja, das ist mein
Archiv.

Frau Schramm: Schauen Sie: Deutschland über alles ... Ausländer raus ... – das war in der S-Bahn. Und das war in Halberstadt: Hakenkreuz ... 88 ... Adolf lebt ewig ... Deutschland
erwache ... Hier das Wikingkreuz ... Dann in Artern, in Thüringen: Deutsche *wert* euch, kauft nicht bei Juden, »wehrt«
ohne h ...

Henryk: Ja.

Frau Schramm: Das ist auf einem Sitzsockel in Potsdam:
»Demokraten sind unser Unglück«, das ist abgeleitet von
»Juden sind unser Unglück«. Und das war in Stockheim in
Franken: SS, SA, Hakenkreuz. Ebenso das hier: »Ihr arsch-
gefickten Judenschweine«.

Henryk: Erstaunlich, was für eine Fantasie die Leute haben,
was sie so alles zusammenbringen.

Frau Schramm: Ja, ja. Und hier, auf einem Spielplatz in Pirna: »Ein Baum, ein Strick, ein Judengenick!« Und das war in Marlow: »Die Juden sind unser Unglück!«.

Henryk: Das ist ein Sticker, nicht wahr?

Frau Schramm: Ein Sticker, ein Aufkleber.

Henryk: Und den haben Sie abgekratzt?

Frau Schramm: Der war in einer Telefonzelle.

Henryk: Und haben Sie ihn abgenommen?

Frau Schramm: *(leicht ungehalten)* Natürlich!

Henryk: Ich frag' ja nur.

Frau Schramm: Hier: »Für mehr Antisemitismus«, ein etwas verändertes Hakenkreuz.

Henryk: Aber immerhin, »mehr« schon mit h. Das ist doch ein Fortschritt …

Frau Schramm: Mir vergeht das Lachen dabei, glauben Sie mir.

Henryk: Versteh' ich.

Frau Schramm: Bei »Nationaler Sozialismus jetzt!« hab ich übrigens die Polizei gerufen, das war in Mischendorf, der ganze Bahnhof war voll damit. Nichts ist passiert. Ich hab es auch übersprüht und mir Ärger eingehandelt. Und das hier war in Ludwigslust.

Henryk: Was steht da? »Hängt …«?

Frau Schramm: »Hängt die Neger!«

Henryk: O Gott.

Frau Schramm: So, und dann mache ich Folgendes mit Jugendlichen, damit die auch sehen, dass ich noch mehr drauf habe, außer Parolen zu entfernen: Bei diesem Spruch, wo es hieß »Lasst Menschen verrecken!«, das war in Schwedt, bekamen die Jugendlichen die Aufgabe, ihn zu entfremden. Als Antwort. In bunten Farben gegen braune Parolen.

Henryk: »Lasst uns …«

Frau Schramm: »Lasst uns Menschen vereinen, Hand in Hand!«

Henryk: Wie arbeiten Sie mit den Jugendlichen? Verstehen Sie das als Kunst?

Frau Schramm: Ja, ich mach mit denen einen Workshop.

Henryk: Und wo?

Frau Schramm: In Schulen, die mich mit meiner Ausstellung eingeladen haben.

Henryk: Also die Schulen laden Sie immerhin ein.

Frau Schramm: Ja, aber nicht hier in Berlin, sondern in Sandershausen, in Thüringen, überall im Bundesgebiet, aber nicht hier in Berlin, deswegen habe ich auch meine Auszeichnung dem Senat zurückgegeben, weil mir das zu blöd ist.

Henryk: Und die Kinder machen gerne mit?

Frau Schramm: So gerne, dass mir ein neunjähriger Schüler am Schluss der Stunde gesagt hat, Frau Schramm, Sie sind die beste Frau der Welt. Das geht doch durch und durch. – Und das sind die Aufkleber, wo ich immer nur einen mitnehme.

Ein Nachbar, der Frau Schramm beobachtet hatte, hat die Polizei gerufen. Die kommt mit zwei Streifenwagen.

Polizist: Tag, Herr Broder!

Henryk: Guten Tag.

Polizist: Wir sind gerufen worden, weil hier eine ältere Dame …

Henryk: Setzen Sie sich doch zu uns.

Polizist: Ich steh ganz gut, ich sitze ja oft genug.

Frau Schramm: Also, ich sag es Ihnen mal … Ich bin hier in Rudow seit 1995 …

Polizist: Ja.

Frau Schramm: … jede Woche, und ich versuche natürlich immer, die Anwohner anzusprechen, dass sie sich darum kümmern, dass sie die Schmierereien wegmachen. Machen die aber nicht.

Polizist: Ja.

Frau Schramm: Und hier war ein Keltenkreuz, hier an der Mauer, und immer wenn ich vorbei ging …

Polizist: Dann ärgert Sie das.

Frau Schramm: Ich war irgendwie auf hundert, denn irgendwann ist meine Geduld am Ende. Ich habe in der Groß-Ziethener Chaussee … Die ist Ihnen ein Begriff?

Polizist: Ja.

Frau Schramm: … dreimal die Polizei gerufen …

Polizist: Ja.

Frau Schramm: … und habe große Hakenkreuze an den Flaschencontainern gemeldet.

Polizist: Ja.

Frau Schramm: Es ist nichts passiert. Und hier das Hakenkreuz, das ich übersprüht habe, das ist uralt.

Polizist: Ja.

Frau Schramm: Ich hab zum Beispiel in Halberstadt Hakenkreuze übermalt, da hab ich rote Kuller draus gemacht.

Polizist: Ja.

Was man wohl aus meinen braunen Häufchen machen könnte?

Frau Schramm: Verstehen Sie, was ich meine?

Polizist: Ich versteh das.

Frau Schramm: Wissen Sie was? Alles kann man wieder reparieren …

Polizist: Ja.

Frau Schramm: … aber die verletzte Menschenwürde nicht.

Polizist: Okay.

Frau Schramm: Meine Geduld ist irgendwann am Ende, ich kann nicht warten, bis das eines Tages verwittert.

Polizist: Okay.

Frau Schramm: Wenn Sie eine Anzeige aufnehmen wollen: Ich stehe zu der Sache.

Polizist: Wir werden auf alle Fälle eine Anzeige aufnehmen, weil Sie uns ja jetzt angeben, dass hier ein Hakenkreuz war und da vorn ein Keltenkreuz. Was Sie hier gemacht haben, das werde ich auf irgendeine Art und Weise festhalten, die Umstände der Anzeigen, die uns hier erstattet wurden.

Frau Schramm: Also, ich stehe dazu.

Henryk: Das ist doch an sich ein schönes Beispiel für den mündigen Bürger, nicht wahr?

Polizist: Ja. Aber man kann es auch wie der Anrufer sehen. Ihm war zum Beispiel nicht bekannt, dass dieses Keltenkreuz eben auch so ein Symbol ist, und deswegen ruft der an und sagt, da beschmiert 'ne ältere Dame die Häuser. Objektiv wäre der Tatbestand erfüllt.

Henryk: Der Sachbeschädigung?

Polizist: Ja, der Sachbeschädigung. Das Aufbringen von Farbe, die sich nicht ohne größten Aufwand entfernen lässt, so sagt es die Definition. Wenn ich da einfach drüberwischen könnte, wäre es ja kein Problem.

Frau Schramm: Sind wir dann fertig hier?

Polizist: Sollte es dazu kommen …

Henryk: … dann sehen wir uns alle wieder.

Polizist: Ja.

Henryk: Wenn Sie so weiter machen, werd ich alle meine Vorurteile gegen die Polizei los.

Polizist: Alle?

Happy Holocaust!

Es ist nicht immer Spiel und Spaß. Ab und zu bekommt unsere Safari einen Dreh ins Existenzielle. Die Bürgerinitiative, die das Berliner Holocaust-Mahnmal durchgesetzt hat, feiert den fünften Jahrestag der Mahnmaleröffnung. Hamed und ich sind natürlich nicht eingeladen, also gehen wir hin.

Henryk: Hamed, so eine Party hast Du noch nicht erlebt, das ist besser als Ramadan und Jom Kippur am selben Tag.

Hamed denkt, ich schleppe ihn zu einer Trauerfeier. Aber schon aus der Ferne ist Klezmer-Musik zu hören, live on stage.

Hamed: Wie heißt das Stück, das die grad spielen?
Henryk: Happy Holocaust.
Hamed: Du spinnst!
Henryk: Ne, die spinnen.

»Die«, das ist die gute Berliner Gesellschaft, der jeder Anlass recht
ist, ein Fest zu feiern. Es sind immer
dieselben hundert Leute, die man überall trifft: Bei einer Vernissage in der
Neuen Nationalgalerie, beim Sechstageren-
nen, bei der »Cinema for Peace«-Gala zugunsten
von »Innocence in Danger«, bei jeder Springer-Party. Und
jetzt ist das Holocaust-Mahnmal dran. Rund 20 Jahre
wurde es geplant, es hat 25 Millionen Euro gekostet und
ist nun eine der großen Touristen-Attraktionen in Berlin.
Es steht schon länger da, als der Holocaust gedauert hat,
und wurde von mehr Menschen besucht, als im Holocaust
umgekommen sind. Wenn das keine Erfolgsgeschichte ist!

Und deswegen sind wir beide, Hamed und ich, nur mäßig
überrascht, als einer der Festredner sagt: »Es gibt viele
Länder, die uns um dieses Mahnmal beneiden!« Bingo! Noch
mehr Länder beneiden uns um den Holocaust — der Iran, der
Sudan, der Kongo, Kambodscha, Ruanda — so was soll uns
erst mal einer nachmachen!

Ich war immer gegen das Mahnmal. Erstens, weil es die
Todeshierarchie der Nazis neu auflegt: Jews first! Eine
halbe Million ermordeter Zigeuner darf vom Rand des
Areals zuschauen, wie der Juden gedacht wird. Zweitens,
weil es suggeriert, ohne den Judenmord wäre das Dritte
Reich nicht ganz so schlimm gewesen. Und drittens, weil
es nicht einmal den Hauch einer Verbindung herstellt
zwischen dem letzten Holocaust und dem nächsten,
der sich im Nahen Osten abspielen könnte, wenn
sich die Europäer weiterhin gegenüber Ahmadinedschad so verhalten, wie sie sich zwischen 1933 und 1939 gegenüber Hitler
verhalten haben. Die Krokodilstränen,
die den Nazi-Opfern nachgeweint werden,
trüben nur den Blick für die Gefahren
der aktuellen Appeasement-Politik.
Genauer gesagt: Der letzte Holocaust
ist mittlerweile das Aufmarschgebiet
für Adabeis, Busybodies, Partypupser
und Wichtigtuer aller Disziplinen,
Auschwitz ist das Disneyland der Gru-
selkultur; die Instandsetzungs- und
Konservierungsarbeiten des Lagers

35

haben inzwischen mehr gekostet als der Bau des Originals. Zuletzt hat die Bundesrepublik 60 Millionen Euro zugesagt, um die Baracken vor dem Verfall zu retten und den verrosteten Stacheldraht zu ersetzen. Ein Mega-Skandal, wenn man bedenkt, dass es immer noch Überlebende des Holocaust in Polen gibt, die unter dem Existenzminimum leben und für die sich niemand verantwortlich fühlt. Ginge es nach mir, würde ich Auschwitz jetzt dem Erdboden gleich machen, nachdem es die Alliierten vor 1945 versäumt haben.

Kurzum: Der letzte Holocaust interessiert mich so sehr wie der Auszug aus Ägypten. Oder die Schlacht von Verdun. Oder der Untergang der Titanic. Mich interessiert, ob der nächste Holocaust verhindert oder ob die Welt seelenruhig zuschauen wird, wie ein Regime, das Frauen steinigen lässt, sich in die Lage versetzt, Atomwaffen zu produzieren. Gegen diese Mischung aus Barbarei und Hightech waren die Nazis dilettierende Amateure.

Das Holocaust-Mahnmal in Berlin ist ein Monument der zu Größenwahn geronnenen Sinnlosigkeit. Schon möglich, dass es Länder gibt, die uns um dieses Mahnmal beneiden. Wir geben uns mit kleinen Beiträgen zum Weltgeschehen zufrieden.

Wir sind Weltmeister der Herzen. Wir sind Papst. Wir sind Holocaust.

Hamed und Henryk stehen am Holocaust-Mahnmal. Henryk hat sich eine Stele aus Pappe übergestülpt, nur das Gesicht und die Arme sind zu sehen.

Hamed: Das ist nicht lustig, das ist beleidigend und menschenverachtend.

Henryk: Oje, menschenverachtend – wen willst Du denn sonst verachten, wenn nicht Menschen? Kieselsteine, Strandkörbe, Surfbretter? Menschen bieten sich doch an.

Hamed: Du hast nicht alle Gurken im Glas, Du bist total von der Rolle. Du kannst Dich einfach nicht mehr bremsen, ich mach so was nicht mit, lieber würde ich Deinen Hund knuddeln, als so was zu machen.

Henryk: Darauf lass ich es ankommen. – Also es ist wirklich nicht verhandelbar?

Hamed: Nein, ich mach nicht mit.

Henryk: Und wenn wir hinterher richtig gut essen gehen?

Hamed: Davon lässt Du Dich vielleicht verführen, aber ich nicht.

Henryk: Und wenn wir Euch den Sinai zurückgeben? Ach nein, den habt Ihr ja schon.

Hamed: Den haben wir schon, und zwar aus eigener Kraft.

Henryk: Und ganz Taba?

Hamed: Taba haben wir auch zurückbekommen, samt Hotel.

Henryk: Okay, wir geben Euch Gaza zurück!

Hamed: Wollen wir nicht, das ist so kaputt.

Henryk: Gut, dann mach ich's eben allein.

Hamed: Viel Spaß dabei.

Henryk: Hamed, ich finde das wirklich extrem humorlos von Dir!

Fünf Minuten und einige Argumente später:

Henryk: Hamed, komm, hilf mir doch mal!

Hamed: Jetzt lass uns erst mal hier weggehen. Das ist wirklich unangenehm.

Henryk: Für Dich?

Hamed: Für alle Leute, die hier sind, keiner versteht, was Du machen willst.

Henryk: Das ist doch ganz einfach: Ich bin das mobile Mahnmal.

Hamed: Du musst dich immerzu in Szene setzen, Du bist immer auf Krawall aus. Wieso kannst Du nicht einfach in aller Ruhe Deine Argumente aufschreiben oder im Fernsehen verkünden? Wieso musst Du immer so was machen? Und wo willst Du jetzt eigentlich genau hin?

Henryk: Zum Bürgerfest.

Hamed: Was ist das?

Henryk: Ein Bürgerfest eben. Die feiern heute fünf Jahre Holocaust-Mahnmal.

Hamed: Und Du willst mitmachen?

Henryk: Mhm.

Hamed: So? In diesem Outfit? Als wandelnde Stele?

Henryk: Mhm.

Hamed: Da mach' ich nicht mit, wirklich nicht! Das ist meine Grenze.

Henryk: Die rote Linie.

Hamed: Bis hierher und nicht weiter.

Henryk: Ach, komm schon …

Hamed: Nein! Du musst versuchen, alleine klar zu kommen.

Henryk: Komm schon, wir sind doch beide Beute-Deutsche.

Hamed: Nein. Nein!

Henryk: Wirklich nicht?

Hamed: Nein, das kann ich nicht, wirklich nicht.

Henryk: Du verlässt mich also?

Hamed: Viel Spaß noch und Arrivederci.

Henryk: Allahu Akbar. – Mensch, stell Dich nicht so an, meine Mutter war schließlich im Lager, das weißt Du doch.

Hamed: Und Du weißt, dass dieses Herumkaspern nicht mein Ding ist.

Henryk: Spring halt einfach mal über Deinen Schatten. Ich mache Dir einen Vorschlag: Ich springe für Dich auch einmal über meinen Schatten. Wir könnten ja mal zusammen in die Moschee gehen, und dann stell ich mich auch nicht so an, versprochen.

Hamed: Also gut, dann führe ich Dich ein paar Schritte. Und dann versuchst Du Dein Glück alleine.

Henryk: Einverstanden.

Hamed: Und ich hab mit dieser Sache nichts zu tun.

Henryk: Hörst Du die Musik? Weißt Du, was das ist?

Hamed: Wahrscheinlich irgendwas Hebräisches.

Henryk: Es ist Klezmer-Musik. – Oh, da kommt ja Peter Raue!

Peter Raue: Henryk! Das ist ja großartig! Du hast Dich ja schwer verändert.

Henryk: Peter Raue, mein Anwalt!

Peter Raue: Henryk Broder, mein Freund, mein Schriftsteller!

Henryk: Was machst denn Du bei dieser Party, Peter?

Peter Raue: Reden.

Henryk: Was machst Du?

Peter Raue: Reden!

Henryk: Aha, Du hältst eine Rede?

Peter Raue: Nur zwei Minuten.

Henryk: Was sagst Du denn?

Peter Raue: Weiß ich noch nicht.

Henryk: Kann ich Dir was vorschlagen?

Peter Raue: Ja.

Henryk: Sag doch einfach, dies ist eine große Erfolgsgeschichte, das Mahnmal steht schon länger da, als der Holocaust gedauert hat.

Peter Raue: Danke für diesen Hinweis.

Henryk: Ich hab noch eine bessere Anregung.

Peter Raue: Ja?

Henryk: Es waren schon mehr Besucher da, als im Holocaust ums Leben gekommen sind. Das kriegst Du gebührenfrei.

Peter Raue: Das schenkst Du mir?

Henryk: Ich schenk' es Dir.

Peter Raue: Gut, mein Lieber. Und was machst Du hier?

Henryk: Ich gebe Ratschläge, wie immer.

Peter Raue: Großartig!

Henryk: Ich bin ja so stolz, dass mein Anwalt hier ist.

Peter Raue: Ciao, ich muss jetzt da vorne hin.

Henryk: Ciao, ciao. *(zu Hamed)* Das war wirklich mein Anwalt!

Hamed: Das glaub ich Dir, und Du brauchst dringend noch mehrere Anwälte.

Henryk: Du meinst, ich habe ein Problem?

Hamed: Ja, Du hast ein Problem, Du bist gefangen in der eigenen Rolle, und da musst Du irgendwann raus. Irgendwann muss man sich zur Ruhe setzen und denken: Wo steh ich überhaupt, und warum muss ich immer den Kasper spielen? Musst Du das wirklich?

Henryk: Ich muss nicht, aber ich will es. Aber Du verstehst mich nicht, Du verstehst mich einfach nicht. Vielleicht weil Du aus Ägypten kommst.

Hamed: Nein, Du schlüpfst wieder in die jüdische Opferrolle. Das ist nicht gut, das ist nicht gut; und glaub' mir, wenn Du nicht in die jüdische Opferrolle schlüpfen würdest, dann würdest Du auch nicht in diese Stele hinein schlüpfen.

Henryk: Ich fürchte, Du könntest Recht haben.

Hamed: Ich fürchte auch.

Henryk: Also, gehen wir jetzt zu der Party oder gehen wir zu meinem Therapeuten?

Hamed: Also gut, ein paar Schritte gehe ich noch mit.

Henryk: Das finde ich sehr nett von Dir. Das nenne ich mediterrane Solidarität.

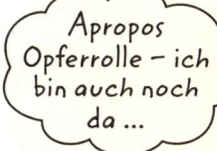

Apropos Opferrolle – ich bin auch noch da …

Hamed und Henryk beobachten die Veranstaltung vom Rand des Geschehens und hören den Reden zu.

Erster Redner: In anderen Ländern beneiden manche die Deutschen um dieses Denkmal. Wir können wieder aufrecht gehen, weil wir aufrichtig waren. Das ist der Sinn des Denkmals, und das feiern wir.

Lea Rosh: Jetzt lebt es sich leichter in diesem Land. Ich habe nichts hinzuzufügen.

Wolfgang Thierse: Dass es nach wie vor Kritik und Streit gibt, das ist gut für dieses Denkmal.

🐾

Möchte mir jemand mal die Nase putzen?

Henryk und Hamed wieder am Auto.

Hamed: Da bist Du ja endlich!

Henryk: Wilma, rutsch mal! Hat sie Dich geärgert, Hamed?

Hamed: Du weißt, dass ich Angst vor Hunden habe. Das ist unfassbar!

Henryk: Jetzt hattest Du die Gelegenheit, die Angst zu überwinden.

Hamed: Und sie stinkt!

Henryk: Okay, wir machen die Fenster auf.

Hamed: Also, ehrlich gesagt, ich habe Deine Aktion vorhin nicht verstanden. Was sollte das?

Henryk: Schau, so richtig zu verstehen ist da gar nichts, weil das eigentlich Dada ist. Und wenn Du Kurt Schwitters gefragt hättest, wie er es mit seinen Aktionen gemeint hat – der hätte es Dir auch nicht sagen können. Aber Dir sag ich es gern: Diese Leute feiern den Holocaust, als wäre es Woodstock gewesen. Und sie feiern sogar fünf Jahre Holocaust-Mahnmal …

Hamed: Und?

Henryk: Sie feiern sich gegenseitig! Und sie erklären sich gegenseitig, wie toll sie sind und wie viel Courage es gekostet hat, so ein Mahnmal hinzusetzen.

Hamed: Und?

Henryk: Es hat sie gar keine Courage gekostet! Was sie machen, ist einfach Mainstream. Und weißt Du, was das Allerschlimmste ist? Von diesen Leuten sagt keiner – kein Einziger! – ein Wort über Ahmadinedschad oder den gegenwärtigen Antisemitismus. Die sind einzig und allein der Geschichte verbunden und verpflichtet. Ich weiß nicht, ob Du den einen Satz gehört hast, der da gesagt wurde: Es gibt Völker, die uns um dieses

Mahnmal beneiden. Wahrscheinlich gibt es auch Völker, die uns um den deutschen Holocaust beneiden.

Hamed: Henryk, hast Du nichts anderes zu tun, als Dich über solche harmlosen Sachen zu ärgern?

Henryk: Die harmlosen Sachen sind die schlimmsten. Den Ärger über Frau Merkel, Herrn Obama oder Herrn Putin, den überlasse ich Roger Willemsen und Stefan Aust. Ich kümmere mich um die Kleinigkeiten.

Hamed: Aber lass doch den Leuten ihren Spaß!

Henryk: Ich kenne Holocaust-Überlebende in Polen, die haben nie eine Entschädigung bekommen, die sind heute bettelarm. Auch in Tschechien und anderswo geht es vielen sehr schlecht. Mit diesem Geld hätte man diesen Menschen wirklich helfen können. Statt es hier in diese Steinwüste zu investieren. Das finde ich extrem unanständig. Und wohlfeil.

Hamed: Man vergeudet auch viel Geld für den Bau von Brücken, die nirgendwohin führen.

Henryk: Ja, aber die Brücken haben keinen moralischen und historischen Anspruch. Das hier ist schlichte Vergeudung. – Sag mal, habt Ihr eigentlich auch so schöne Mahnmale?

Hamed: Wen meinst du? Die Muslime?

Henryk: Ja.

Hamed: Hier in Deutschland?

Henryk: Ja.

Hamed: Nein, wir bauen gleich prachtvolle Moscheen.

Henryk: Wirklich?

Hamed: Ja. Ich weiß auch, wo eine schöne Moschee steht. In Duisburg-Marxloh. Das ist die größte Moschee in Deutschland. Und da fahren wir hin.

Henryk: Da fahren wir hin. Ich habe allerdings den Verdacht, die hässlichste Moschee ist mir immer noch lieber als das schönste Holocaust-Mahnmal.

Hamed: Das überlasse ich Dir.

Gelobt sei der Herr!
Beim Moschee-Verein

Henryk und Hamed im Auto unterwegs nach Duisburg-Marxloh.

Hamed: Mein Gott, Duisburg – das scheint auch so eine Stadt zu sein, wo man beim Reinfahren als Erstes denkt: Wie komme ich da bloß wieder heil raus? Die soziale Kälte springt beinahe aus den Fenstern.

Henryk: Ja, und wenn Du hier leben müsstest, würdest Du dann nicht einen gewissen Groll gegen den Rest der Gesellschaft mit dir herumtragen? Ich meine das völlig im Ernst.

Hamed: Schon. Aber wozu braucht man einen Märchenpalast als Moschee, wenn man hier lebt?

Henryk: Genau deswegen: weil man hier lebt.

Hamed: Weil man hier lebt … Gut, aber wenn der Moschee-Verein tatsächlich etwas für die Integration der Muslime geleistet hat, dann will ich das auch an der sozialen Realität der Immigranten hier sehen. Ich will sehen, dass hier jetzt mehr fröhliche Menschen leben, die auch mehr Arbeit bekommen und weniger kriminell sind.

Henryk: Und Kinder, die Deutsch lernen, oder noch besser Deutsch lernen.

Hamed: Und mehrsprachig sind.

Henryk: Genau.

Hamed: Der Moschee-Verein hatte ja Deutschkurse angeboten, und fünf Monate später haben sie sie wieder gestrichen, aus finanziellen Gründen. Alles, womit sie am Anfang geworben hatten, wurde hinterher gestrichen. Aus finanziellen Gründen. Hätten sie stattdessen nicht ein bisschen an diesen Prachtbauten sparen können? Nein, konnten sie natürlich nicht.

Henryk: Wurden die Kurse wirklich ausgeführt oder nur angeboten?

Hamed: Sie wurden angeboten und auch ein paar Monate

durchgeführt, und zwar Kurse für Frauen. Und dann haben sie alles wieder gestrichen. Sie haben auch die hauptamtliche Bildungsbeauftragte wieder entlassen.

Henryk: Vielleicht wurden die Kurse ja aus Mangel an Nachfrage gestrichen.

Hamed: Nein, denn nachdem sie gestrichen wurden, gab es eine Gruppe von jungen muslimischen Frauen, die vor der Moschee demonstriert haben. Mit Plakaten, auf denen stand: »Wir wollen Deutsch lernen!«

Henryk: Ist ja interessant! Das heißt, dass sozusagen die eigene Basis rebelliert hat.

Hamed: Ja.

Henryk: Das wusste ich nicht.

Hamed: Und der Clou ist, dass sie dem deutschen Steuerzahler für ihr Kulturzentrum 3,2 Millionen Euro aus dem Kreuz geleiert haben.

Henryk und Hamed stehen vor der Moschee.

Erster Moslem: *(geht auf auf sie zu)*
Wer hat denn hier was zu sagen?
Hamed: Wir alle.
Henryk: Wir alle. Guten Tag, ich heiße
Henryk Broder.
Erster Moslem: Guten Tag.
Hamed: Hamed Abdel-Samad.

Gestatten –
Wilma mein Name!

Erster Moslem: Ich glaube, Sie haben keine Genehmigung,
dass Sie hier drehen dürfen. Wenn Sie sich vorher anmelden,
ist das kein Problem.
Hamed: Haben wir gemacht, und dann haben wir eine klare
Zusage bekommen.
Erster Moslem: Keine Zustimmung, nein. Das ist abgesagt.
Hamed: Haben Sie Angst, mit uns zu reden? Haben Sie etwas
zu verbergen?
Erster Moslem: Nein. Sie können mit dem Vorsitzenden einen
Termin ausmachen.
Hamed: Haben wir bereits gemacht. Die Leute fliehen vor uns,
obwohl wir nur reden wollen. Wir bewerfen ja niemanden
mit Steinen.

Erster Moslem: Jetzt müssen wir nicht hin und her kommunizieren, sondern Sie müssen sich absprechen.

Hamed: Aber ich bin Steuerzahler, und diese Moschee ist auch von meinen Steuern finanziert worden. Das wissen Sie.

Erster Moslem: Nein.

Hamed: Natürlich! 3,2 Millionen Euro sind von EU- und Staatsgeldern …

Erster Moslem: Mag sein.

Hamed: … hier eingeflossen. Und vom Moschee-Verein wurde Toleranz und Transparenz versprochen.

Erster Moslem: Was wollen Sie damit erreichen?

Hamed: Wir wollen reden.

Henryk: Wir haben Fragen.

Erster Moslem: Sollen wir Polizei anrufen, die Sie vom Gelände rausschmeißen?

Hamed: Ja.

Henryk: Sie können die Polizei anrufen.

Erster Moslem: Wollen Sie bestimmt Krach haben, das wollen wir nicht.

Henryk: Nein, wir wollen keinen Krach.

Hamed: Wir wollen reden.

Erster Moslem: Nicht aufnehmen, runtergehen!

Hamed: Na, dann weiterhin viel Spaß bei der Integration …

Henryk und Hamed gehen auf Distanz und schauen sich die Moschee von außen an.

Hamed: Ich frage mich wirklich, was diese Moschee denn für die Integration leistet? Da habe ich schon so meine Zweifel. Die Arbeitslosigkeit hier ist sehr hoch, vor allem unter Immigranten. Man braucht keinen osmanischen Palast, um zu beweisen, dass man gut integriert ist, man kann das durch Bildung beweisen.

Henryk: Ja, aber Du musst natürlich auch die Interessen der deutschen Politik bedenken, die hat vermutlich angesichts eines solchen Milieus und angesichts derartiger sozialer Schwierigkeiten auch ein Interesse daran, mit solchen Moscheen gelungene Integration zu beweisen. Es ist auch »make believe«.

Hamed: Richtig.

Henryk: *(steht vor einer Plakette an der Mauer der Moschee und liest)* »Begegnungsstätte in der Moschee. Europäische Union«.

Hamed: *(liest)* »Investition in unsere Zukunft«.

Henryk: *(liest)* »Europäischer Fonds für regionale Entwicklung.«

Zweiter Moslem: *(kommt herbei)* Sie suchen Skandal!

Hamed: Nein. Oder haben Sie etwas zu verstecken?

Henryk: Die Öffentlichkeit ist kein Skandal, der Skandal ist, dass Sie die Öffentlichkeit meiden!

Henryk: Wir können im öffentlichen Raum machen, was wir wollen.

Dritter Moslem: Soll ich anrufen bei Polizei?

Henryk: Ja, holen Sie die Polizei!

Dritter Moslem: Warum scheinen Sie mir so, dass Sie kein korrekter Mensch sind? Woher kommt das Gefühl zu mir?

Henryk: Entschuldigen Sie, ich habe gar kein Gefühl Ihnen gegenüber.

Dritter Moslem: Ich hab' nur so ein Gefühl, weiß ich nicht, Sie sehen so aus, dass Sie Ärger suchen. Warum?

Henryk: Warum sehe ich so aus, als ob ich Ärger suche?

Dritter Moslem: Sie scheinen mir so.

Henryk: Ich kann nichts für das, was Ihnen so scheint.

Dritter Moslem: Die ganze Zeit hier tanzen.

Henryk: Ich tanze nicht, mir ist kalt.

❧

Wieder im Auto.

Henryk: Langsam glaub ich Dir, Hamed. Ich bin so ein argloser Mensch, und ich bin ja dafür, dass Religion völlig privatisiert wird. Aber die hier haben eine zweite Agenda. Eine, die sie tatsächlich haben, und eine, die sie uns erzählen. Das ist wie früher im Sozialismus.

Hamed: Und sie mögen uns deshalb nicht, weil wir das durchschauen. Mir können sie keine Geschichten aus 1001 Nacht erzählen.

Henryk: Ich war wirklich nicht auf Konfrontation aus. Ich kann mich doch nicht mit Leuten anlegen, die hier in Marxloh leben, verstehst Du? Die sind schon gestraft genug. Andererseits ist es ja auch so, dass es in der Geschichte noch keine einzige Migranten-Generation gab, die gleich im Luxusviertel angefangen hat.

Hamed: Nein.

Henryk: Die Polen, die Iren, die Italiener, die Juden, auch die Deutschen, alle, die aus Europa nach Amerika kamen, fingen in …

Hamed: … Slums an.

Henryk: Ja, Slums, oder sagen wir vorsichtiger: Sie ließen sich in suboptimalen Gegenden nieder. Und dann arbeitet man sich hinauf. Das ist der ganz normale Prozess einer jeden Einwanderungswelle. Es hat nie etwas anderes gegeben.

Henryk und ich sind anschließend für ein
paar Tage nach Holland gefahren, um uns
von den Strapazen unserer Safari ein
wenig zu erholen. An einem windigen
Nachmittag sitzen wir im Café Parnassia am Strand in Zandvoort. Das Meer
tobt, die Wolken wechseln ihre Farben,
Henryk sagt, das Wort »Parnassia« bedeute
»Paradies« und stamme aus dem Hebräischen. Zu seiner
Enttäuschung sage ich: »Das Wort ›Paradies‹ ist ur-
sprünglich persisch.«

Wie dem auch sei. Das Paradies verließ das Heilige
Land und Persien vor Jahrtausenden und zog nach Holland
an die Nordsee. Um uns herum sitzen lauter Holländer mit
Migrationshintergrund und genießen die Sonne, den Wind
und das Meer. »Ausländer hier scheinen besser integriert
zu sein als bei uns in Deutschland«, sage ich. »Der Schein
trügt«, sagt Henryk. Am Rand von Amsterdam gebe es ein
Stadtviertel namens Almere, wo es schlimmer zugehe als
in Marxloh.

Überall in Europa trifft man in Immigrantenvierteln auf
das gleiche Problem: Abschottung, Gewalt und soziales
Elend. Und dort, wo das Wort »Integration« am häufigsten
gebraucht wird, findet die Integration am wenigsten
statt.

Ist die Integration wirklich gescheitert? Diese
Behauptung wäre ein Schlag ins Gesicht vieler Zuwande-
rer, die sich integriert haben, wie Henryk und ich.
Aber es gibt immer noch viele Migranten, die unter Integration etwas anderes verstehen als das, was sich die
Mehrheitsgesellschaft unter diesem Begriff vorstellt.
Während der Staat Integration als Eingliederung der
Einwanderer in das Bildungssystem, ihre Teilhabe an
der Wirtschaft und am kulturellen Geschehen des Landes
sieht, denken viele Migranten, dass Integration Assi-
milation und Aufgabe ihrer kulturellen Wurzeln bedeutet.
Andere wiederum denken, Integration sei durch den Bau
von Moscheen und Minaretten herstellbar. Viele verstehen
nicht einmal, was das Wort »Integration« überhaupt
bedeutet.

Das Gleiche gilt für das Wort »Freiheit«. Während
man in Deutschland unter der Freiheit des Individuums
versteht, sein Leben als mündiger Bürger selbstständig

bestimmen und gestalten zu können, denken viele Moslems eher an Dekadenz und ans Rumhuren. Diejenigen, die den Begriff positiv auslegen, verstehen darunter eher die Freiheit der Religionsausübung und den Bau von Moscheen. Diese Asymmetrie und Ungleichzeitigkeit belasten die Integration und machen eine vernünftige Kommunikation beinahe unmöglich. Jede Seite lebt in ihrer eigenen Welt und hat keinen Zugang zu der anderen. Beide Seiten halten einander für bedrohlich oder zumindest unheimlich. Viele geistige Gräben sind zwischen beiden Welten entstanden, und sie werden jeden Tag tiefer. Das Misstrauen und die Paranoia nehmen zu.

Ab ins nächste Café: »De lachende Zeerover«, der lachende Seeräuber!

»Vielleicht sollte man das Wort ›Integration‹ abschaffen oder die Sache umbenennen, um sie zu entzaubern«, sage ich. »Wie wäre es mit ›Der Ausstieg des Menschen aus der selbst verschuldeten und staatlich geförderten sozialen Misere‹«?
    »Nee, das ist mir zu kompliziert«, sagt Henryk. Und macht einen eigenen Vorschlag: »Aufbruch in die aufstiegsorientierte Mittelschicht.«
    »Nee«, sage ich. »Das ist zu kopflastig.« »Wie wäre es damit: ›Mutti kauft ab morgen nicht mehr bei Aldi‹.«
    »Vati trägt den Schlafanzug nur am Abend.«
    »Schwesterchen nimmt Schwimmunterricht statt Drogen.«
    »Gelobt sei Allah, der Schöpfer von Minirock und Minarett.«
    Henryk sagt: »Willkommen in der Parallelgesellschaft mit Burka und Bikini.«

Nein, wir leben nicht in Parallelgesellschaften, wie es Migrationsforscher und Ausländerbeiräte gerne nennen, denn »parallel« würde bedeuten, dass diese Gesellschaften synchron in die gleiche Richtung streben, um sich irgendwann im Unendlichen zu treffen. Ich wäre froh, wenn wir in solchen Gesellschaften wie New York, Sydney oder Vancouver leben würden. Wir leben jedoch in asymmetrischen Gesellschaften, die sich zudem ständig asynchron verhalten. Sie reden aneinander vorbei, weil sie unterschiedliche Sprachen benutzen und unterschiedliche

Prioritäten setzen. Aus solchen
asymmetrischen Begegnungen ent-
steht deshalb keine kulturelle
Symbiose, sondern nur Misstrauen
und Abgrenzung.

Am Abend sitzen wir in Henryks
Luxus-Caravan und schauen fern.
Anne Will hat prominente Gäste
eingeladen, um mit ihnen über die
Flutkatastrophe in Pakistan zu
diskutieren und die eingebrochene Spendenlust der Deutschen zu stimulieren. Sie fragt, warum die Deutschen für
die Erdbebenopfer in Haiti mehr gespendet haben als für
die Flutopfer in Pakistan. Weil man mit Moslems weniger
Mitleid hat? Weil das Land die A-Bombe hat, aber kein
Geld, um Dämme zu bauen? Anne Wills Gäste sind sich einig
— egal, wie korrupt die Regierung in Islamabad ist und
wie viel Einfluss die Taliban im Land haben, man sollte
die Menschen in Pakistan nicht im Stich lassen.
    Auf der Suche nach Gottesbeweisen zappen wir durch
die Programme und bleiben bei Al-Jazeera hängen. Dort
läuft eine ähnliche Diskussion zum gleichen Thema. Aber
der Ton ist ganz anders. Die Flutkatastrophe sei eine
Strafe Gottes für Pakistan, weil es sich im Kampf gegen
den Terror mit den Amerikanern gegen das moslemische
Afghanistan verbündet habe. Würden Muslime für Pakistan
spenden, würden sie sich Gottes Willen widersetzen.
Andere meinen, die Flutkatastrophe sei eine Verschwörung
des Westens, der Indien ermutigt habe, die Dämme zu
öffnen, um Pakistan zu überfluten. Ein besonders eifriger
Diskutant warnt die Pakistani davor, westliche Hilfen
anzunehmen, denn die »Helfer« wollten die Menschen
in Not nur zum Christentum bekehren. Am Ende schlägt
ein Teilnehmer der Debatte vor, die religiösen Gelehrten
um eine Fatwa zu bitten, ob Spenden an Pakistan islam-
konform seien. Verglichen mit all dem, was davor gesagt
wurde, war das eine Stimme der angewandten Vernunft.
    Wir zappen weiter und finden tatsächlich zwei Gottes-
beweise, die sich sowohl parallel wie synchron bewegen.
Gelobt sei der Herr, der sie erschaffen hat!

🐾

Der Chip ist noch drin

Beim türkischen Bäcker

Henryk und Hamed fahren im Auto durch München.

Henryk: Ich war neulich Hundefutter für Wilma kaufen, und ich habe in der Zoohandlung einen Verkäufer getroffen, der mir das Sozialverhalten von Aquariumfischen erklärt hat. Und bei denen ist es wie bei der Integration.

Hamed: Wie denn?

Henryk: Erst mal mögen die sich nicht, aber wenn du mehr Fische von einer anderen Sorte in das Aquarium reintust, dann vertragen sie sich irgendwann.

Hamed: Aber am Anfang nicht?

Henryk: Am Anfang nicht, am Anfang sind Platzkämpfe angesagt. Und der Verkäufer sagt, wenn nur ein fremder Fisch dabei ist, gibt's Krawall, wenn man aber noch einen zweiten und dritten dazutut, dann klappt es. Interessant, oder?

Hamed: Ja, sehr.

Henryk: Hamed, möchtest Du nicht allmählich etwas essen?

Hamed: Das fragst Du mich immer dann, wenn *Du* Hunger hast.

Henryk: Na, ich will doch nett zu Dir sein und stelle deswegen meine Interessen prinzipiell zurück.

Hamed: Fahr mal ein bisschen schneller, mein Gott.

Henryk: Ich fahre wie im Orient.

Hamed: Du bist Orient!

Fragt mich mal bitte jemand? Hab ich Ramadan, oder was?

Henryk und Hamed betreten eine türkische Bäckerei in Schwabing.

Hamed: Servus!
Verkäufer: Servus, Grüß Gott! Bitte sehr?
Henryk: Gibt's noch etwas?
Verkäufer: Ein klein wenig, ja.
Vanilletasche, zum Beispiel.

> Ich hätte gerne ein Stück Baklava.

> Was hätten Sie gerne – Baklava? Gibt's nicht.

> Nicht?

> Leider nein, wir sind hier eher in einer deutschen Gegend.

Henryk: Aber das ist doch schade, da treffen wir schon mal einen Türken, und dann gibt es kein Baklava.
Verkäufer: Das tut mir leid, das tut mir leid.
Henryk: Gut, dann nehmen wir etwas richtig Einheimisches.
Verkäufer: *(verwundert)* Etwas Einheimisches?
Hamed: Butterbreze.
Verkäufer: Butterbreze. Wie viel?
Hamed: Nur eine, bitte.

Henryk: Endlich was zu essen! Sind Sie eigentlich ein richtiger Moslem?

Verkäufer: Ich bin zwar ein Moslem, aber ich bin in Deutschland auf die Welt gekommen. Trotzdem weiß ich, was es heißt, ein Moslem zu sein.

Henryk: Beten Sie fünfmal am Tag?

Verkäufer: Das leider nicht.

Henryk: Warum leider?

Verkäufer: Keine Zeit.

Henryk: Wegen dem Geschäft?

Verkäufer: Wegen der Arbeit, richtig.

Henryk: Aber Sie beten dann morgens oder abends, oder?

Verkäufer: Auch nicht.

Henryk: Auch nicht?

Verkäufer: Nein, gar nicht, nur im innerlichsten Herzen.

Henryk: Trinken Sie Alkohol?

Verkäufer: Ja.

Henryk: Haben Sie Familie hier?

Verkäufer: Ja, ich hab' sogar eine große Familie hier.

Henryk: Sind Sie verheiratet?

Verkäufer: Nein, ich bin nicht verheiratet.

Henryk: Nicht verheiratet?

Verkäufer: Nein.

Verkäufer: Ich hab ein Leben, das ein bisschen freier ist. Ich bin 26 Jahre alt und bin auch im Nachtleben unterwegs ... Das hält dich auch ab von einer festen Freundin.

Henryk: Erklären Sie uns doch bitte einmal, was Ehre für Sie bedeutet.

Verkäufer: Ehre ist heutzutage bei den Türken schon sehr wichtig, natürlich auch bei mir selber. Wenn ich meine Schwester draußen mit verschiedenen Männern sehe, das geht nicht! Ich will, dass sie den Richtigen kennen lernt. Sie kann schon ausgehen, sie kann von mir aus auch in die Disko, denn man sollte heute keine junge Frau mehr einsperren, die Zeiten sind vorbei, da macht man alles nur schlimmer. Aber natürlich ist Sex vor der Ehe für die Frau grundsätzlich tabu. Das ist bei uns sehr wichtig.

Henryk: Aber wenn grundsätzlich Sex vor der Ehe unerwünscht ist ...

Verkäufer: Es ist bei der Frau unerwünscht!

Henryk: Und für den Mann?

Verkäufer: Beim Mann ist es von der Religion her eigentlich genauso, aber sagen wir mal so, beim Mann tut es nicht so weh, aber bei den Mädchen sieht es halt anders aus. Ich meine, dem Jungen passiert zum Schluss nichts, aber bei der Frau geht halt ihre Ehre, ihr Charakter – wie sagt man das gleich wieder –, ihr Ruf kaputt, es ist halt so. Rein theoretisch gesehen.

Henryk: Aber rein theoretisch müsste auch der Mann enthaltsam leben, oder?

Verkäufer: Ja, aber so funktioniert das halt bei den Türken oder bei den Ausländern, oder sagen wir mal bei den Moslems: Was dem Mann erlaubt ist, ist der Frau gar nicht erlaubt.

Henryk: Sind Sie integriert?

Verkäufer: Ich bin hundertprozentig integriert. Auf alle Fälle.

Henryk und Hamed verlassen den Laden.

Zum Glück
bin ich
konfessionslos!

Henryk: An ihm ist einfach nichts mehr muslimisch, er trinkt, er raucht, er hat Sex vor der Ehe, er fährt nicht nach Mekka, er betet nicht.

Hamed: Aber der Chip ist noch drin.

Henryk: Der Chip ist drin und das Programm auch. Mir kommt es ein bisschen so vor, als hätte man einen neuen Apple-Laptop und der läuft mit einem Betriebssystem von Atari aus dem Jahr 1970.

Guter Vergleich!

Ran an die Banane!

Besuch im Jurassic-Park der DDR

Henryk und Hamed im Auto unterwegs zur »Gesellschaft zur Rechtlichen und Humanitären Unterstützung« (GRH) in Berlin.

Henryk: Kennst Du den amerikanischen Film »Blast from the Past«?

Hamed: Den Namen habe ich schon gehört.

Henryk: Kurz gesagt geht es darum, dass eine Familie aus Angst vor einem Atomkrieg im Bunker lebt, und irgendwann, so nach 20 oder 30 Jahren, steigen sie aus dem Bunker wieder heraus, und um sie herum hat sich die Welt total verändert.

Hamed: Interessant.

Henryk: So etwas werden wir jetzt vielleicht bei unserem Stasi-Mann erleben. Ich glaube, er ist so ein Relikt, so als würde heute jemand mit der Postkutsche reisen. Ich nehme an, er hat ein Handy, er hat wahrscheinlich auch Mail und Internet.

Hamed: Das sagt nicht viel.

Henryk: Das sagt gar nichts.

Hamed: Das hat unser Freund Osama Bin-Laden auch.

Henryk: Genau!

Henryk: Wir sind gleich da. Das sieht schon schwer nach Zone aus, finde ich.

Hamed: Ich finde, Du übertreibst – wie immer.

Henryk und Hamed werden von mehreren älteren Herren im Konferenzraum des Verlagshauses »Neues Deutschland« erwartet.

Henryk: Grüß Gott. Sind Sie Herr A.?

Herr A.: Ja, so ist es.

Henryk: Henryk Broder, guten Tag.

Hamed: Guten Tag.

Herr A.: Angenehm. Guten Tag.

Herr A.: Darf ich vorstellen: Herr B., ehemaliger Angehöriger der Deutschen Volkspolizei. Das ist Herr Professor C., ein Wirtschaftswissenschaftler. Das ist Herr D., ehemaliger Angehöriger der Grenztruppen der DDR, und wahrscheinlich kommt noch ein Kollege, ein ehemaliger Angehöriger des Ministeriums für Staatssicherheit.

Hamed: Wunderbar.

Herr A.: Ich begrüße Sie in den Hallen, in den Geschäftsräumen der GRH.

Henryk: Sie waren früher Stellvertretender Generalstaatsanwalt?

Herr A.: Ja, das war meine letzte Funktion.

Henryk: Wie lange waren Sie das?

Herr A.: Etwa ein knappes Jahr.

Hamed: Unten an der Tür stehen die zwei Initialen »N« und »D«, stehen die für »Neues Deutschland«?

Herr A.: »Neues Deutschland«, ja.

Hamed: Können Sie uns erklären, was dieses »Neue Deutschland« für Sie bedeutet, verglichen mit dem alten Deutschland?

Herr A.: Ja. Wir hatten gehofft, dass es ein neues Deutschland wird. Es ist aber kein neues Deutschland geworden. Das Gebiet der DDR ist in eine Art Kolonie verwandelt worden.

Herr B.: Ich hätte mich auch gar nicht integrieren lassen, aufgrund meiner gesellschaftlichen Entwicklung.

Herr A.: Es war eine menschliche Gesellschaft, mit allen Fehlern und Schwächen, die man sich denken kann, aber es war eine sehr, sehr menschliche Gesellschaft, und es war unsere Heimat, und in gewisser Weise trauern wir ihr auch nach.

Henryk: Fühlen Sie so etwas wie Mitleid, zum Beispiel mit Chris Gueffroy, dem letzten Mauertoten? Er war ein junger Mann von etwa 20 Jahren. Das ist doch ein schrecklicher Gedanke, dass ein 20-jähriger Junge sein Leben lassen musste, nur weil er von einer Seite der Mauer auf die andere Seite wollte, oder?

Herr C.: Wenn Sie den letzten Teil Ihres Satzes weggelassen hätten, hätte ich Ihnen zugestimmt.

Herr A.: Das ist so wie in Afghanistan, wir bedauern sehr, dass dort Menschen sterben müssen.

Henryk: Was war an dem letzten Teil des Satzes falsch?

Herr C.: Nur weil er von der einen Seite der Mauer auf die andere wollte…

Henryk: Ja.

Herr D.: Das war die höchstgerüstete Staatsgrenze, Systemgrenze – was hat den Mann dahin getrieben?

Henryk: Was glauben Sie?

Herr D.: Was ich glaube? Wissen Sie, ich ziehe ein Gleichnis: Vor Jahren war es in Berlin üblich, dass junge Leute dieses S-Bahn-Surfen betrieben haben. Und als es einen erwischte, der an einen Laternenpfahl geschleudert wurde und dort tot liegen blieb, ist dann nachträglich sein Freundeskreis befragt worden: Na, lasst Ihr das jetzt sein? Ist Euch das eine bittere Lehre, dass

Ihr Euren Freund verloren habt? Nö, haben sie gesagt, wir brauchen den Kick, wir machen weiter. Und Sie fragen mich, was ich glaube?

Henryk: Und wo ist bitte die Parallele zu Chris Gueffroy?

Na ja, ich weiß ja nicht, was Gueffroy für Gedanken in seinem Kopf gehabt hat. Aber es gibt eine Verhaltensweise unter bestimmten jungen Leuten, die eben sagen: Ich brauche den Kick.

Hamed: Gibt es irgendetwas, das schief gelaufen ist und das Sie bedauern, wo Sie aus heutiger Perspektive sagen, so würden wir jetzt nicht mehr handeln?

Herr D.: Ich will die DDR nicht wiederhaben, so wie sie war, und wollen Sie wissen, warum? Weil sie sich als nicht fähig erwiesen hat, diesem kapitalistischen System zu widerstehen. Weil es eben Bürger gab, die dann gesagt haben, ich will an die große Banane ran, also diese so genannten Wirtschaftsflüchtlinge.

Henryk: Gelobt sei der Herr.

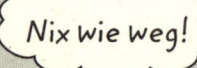

Nix wie weg!

Später wieder im Auto.

Hamed: Die Ossis glauben also, der Westen ist an allem schuld.

Henryk: Ja.

Hamed: Die Chinesen glauben, der Westen ist an allem schuld, und die Muslime glauben, der Westen ist an allem schuld.

Henryk: Stimmt.

Hamed: Langsam glaub' ich auch, der Westen ist an allem schuld.

Henryk: Ja, denn so viele Menschen können sich doch gar nicht irren!

Hamed: Genau!

Henryk: Aber das war doch gerade Science-Fiction pur, oder nicht? Sie nehmen der DDR eigentlich nur übel, dass sie am Ende so verweichlicht war. Das hat mir gut gefallen.

Hamed: Mir auch.

Henryk: Sie hätten es gern einen Zacken schärfer gehabt, das ist schon irre. War das nicht wie ein Ausflug in den »Jurassic Park«?

Hamed: Absolut.

Henryk: Verglichen mit denen, sind doch die Moslembrüder eine absolut liberale Vereinigung.

Hamed: Diese Menschen sind eben Produkte ihres Systems.

Henryk: Ja, das sind wir auch. Aber wir beide zum Beispiel sind aus einem System ausgebrochen.

Hamed: Ja, wir sind ausgebrochen.

Henryk: Sonst wärst Du heute am Nil und ich irgendwo in Katowice, eine grauenhafte Vorstellung. Das ist doch die eigentliche Leistung der modernen Gesellschaft, dass es einem möglich ist, sich von seiner Herkunft zu emanzipieren.

Hamed: Und deshalb finde ich wiederum das Thema Humor so wichtig.

Henryk: Entscheidend, absolut entscheidend!

Hamed: Dass man über sich selbst lachen kann. Ich glaube, es ist ein Schlüssel für Integration, wenn man über sich selbst lachen kann.

Ilse, was war gleich wieder Weihnachten?

Großmütter gegen den Krieg

Berlin, Pariser Platz, direkt am Brandenburger Tor.
Zwei Frauen stehen da und halten ein Transparent.

Henryk: Darf ich fragen, was Sie hier machen?
Erste Großmutter: Wir sind die Großmütter gegen den Krieg.
Henryk: Wie, Großmütter gegen den Krieg?
Erste Großmutter: Großmütter eben. Wir sind zwei Berliner
Großmütter, die andere sitzt da drüben, weil wir keine
Genehmigung gekriegt haben. Deshalb muss ich das alleine
machen.

Henryk: Keine Genehmigung wofür?

Erste Großmutter: Um hier zu demonstrieren, aber das macht uns Spaß.

Henryk: Und abgesehen davon, dass Ihnen das Spaß macht, wie sind Sie denn auf die Idee gekommen?

Erste Großmutter: Ich hatte einfach keine Lust mehr, Kunst um der Kunst willen zu machen, ich mache nur noch politische Kunst, das macht mehr Spaß.

Henryk: Sie sind also Künstlerin?

Erste Großmutter: Ja.

Henryk: Machen Sie solche Aktionen denn öfter?

Erste Großmutter: Dauernd. Zum Beispiel an Weihnachten, da war irgendetwas los in der Welt, ich weiß nicht mehr, was. Also ich bin mit dem Kongo befasst und mit allen möglichen anderen Sachen, da weiß ich jetzt nicht mehr, zu welcher Gelegenheit das war. Weihnachten …

Zweite Großmutter: Die USA, die überall Militär-Stützpunkte baut, begibt sich außerhalb des Völkerrechts – in vielerlei Hinsicht.

Henryk: Das sagen Sie.

Zweite Großmutter: Das sage ich, und das ist ja auch geprüft worden, von internationalen Juristen.

Henryk: Es gibt Juristen, die das anders sehen.

Zweite Großmutter: Nein, nein. Ich war jetzt bei einer internationalen Konferenz von demokratischen Juristen, die kamen aus vielen Ländern, und die verurteilen zum Beispiel sehr die Politik Israels und die Politik der USA ...

Henryk: Die verurteilen immer Israel und USA, das ist klar.

Zweite Großmutter: Nein, einmal auch wegen des Gebrauchs der ...

Henryk: *(unterbricht)* Haben die auch die Politik von Nordkorea verurteilt?

Zweite Großmutter: Das ist ein schwächeres Land.

Henryk: Nein, das ist es nicht. Haben die internationalen Juristen auch die Politik Saddam Husseins verurteilt?

Zweite Großmutter: Nein, nein, sie sagen, es gibt ...

Henryk: *(unterbricht erneut)* Haben die auch die Politik von Ahmadinedschad verurteilt?

Zweite Großmutter: Aber das sind Sachen, die sind nicht in der Gewichtung ...

Henryk: Wer entscheidet über die Gewichtung?

Zweite Großmutter: Wir wissen, welche Staaten stark sind ...

Henryk: Sie protestieren also immer nur gegen Mächtige. Zählt die Hamas für Sie zu den Schwachen?

Zweite Großmutter: Natürlich!

Henryk: Haben Sie schon einmal eine Demo gegen die Terrorherrschaft im Gazastreifen gemacht, wo die eigene Bevölkerung als Geisel genommen wird?

Zweite Großmutter: Ich wüsste nicht, warum einfach ...

Henryk: *(unterbricht schon wieder)* Sie stören sich nicht an der Hamas, Sie stören sich nicht daran, dass im Iran Homosexuelle aufgehängt und Frauen gesteinigt werden. Sie stören sich ausschließlich an den Aktionen zweier Staaten ...

Zweite Großmutter: Wir sind gegen Krieg …

Henryk: Sie sind gegen Amerika und Israel!

Zweite Großmutter: Ja, und zwar was den Krieg anbelangt.

Henryk: Und etwas anderes haben Sie nicht im Programm?

Zweite Großmutter: Also, wir sind gegen alle Aggressionskriege: Ich mache einen großen Unterschied zwischen Aggressions- und Verteidigungskrieg.

Henryk: Und Sie entscheiden, was ein Verteidigungskrieg ist?

Zweite Großmutter: Ja. Die Taliban zähle ich auch dazu, weil die nämlich auch ihr Land verteidigen.

Hamed: Die Taliban verteidigen ihr Land nicht!

Zweite Großmutter: Ich finde, alle, die sich gegen eine Besatzungsmacht stark machen, haben dazu auch eine Berechtigung. Es ist auch völkerrechtlich legitimiert, dass man gegen eine Besatzungsmacht kämpfen kann …

Henryk: Die Taliban sind selbst eine Besatzungsmacht.

Zweite Großmutter: Aber dann ist es eine innere Besatzung, und das ist völkerrechtlich eine andere Angelegenheit, als wenn man von außen kommt.

Henryk: Also geht es Ihnen um das Völkerrecht und nicht darum, dass Menschen unterdrückt und ermordet werden?

Zweite Großmutter: Immer geht es natürlich auch darum, aber als einzige und wichtigste …

Henryk: Wissen Sie, wie viele Raketen die Hamas auf Israel abgeschossen hat?

Zweite Großmutter: Das ist eine andere Art von Raketen als die, die Israel abschießt.

Henryk: Es gibt also gute und schlechte Raketen?

Zweite Großmutter: Es gibt gefährliche und es gibt weniger ge- fährliche – die Hamas hat keine Phosphor-Bomben abgefeuert.

Henryk: Die Hamas hat also weniger gefährliche Raketen? Gnädige Frau, ich will mich nicht mit Ihnen streiten. Ich habe Sie nur gefragt, ob Sie wissen, wie viele Raketen die Hamas seit 1990 auf Israel abgeschossen hat.

Zweite Großmutter: Ich weiß es nicht.

Henryk: Aber warum wissen Sie das nicht? Warum machen Sie sich da nicht kundig?

Zweite Großmutter: *(vorwurfsvoll)* Dass Sie sich aber auch auf gar nichts anderes mehr einlassen …

Henryk: Ich lasse mich sogar auf ein Gespräch mit Ihnen ein. Sagen Sie: In Ihrem Computer steckt doch mit Sicherheit israelische Software?

Zweite Großmutter: Ja, das denke ich auch.

Henryk: Wenn Sie Israel komplett boykottieren wollen, müssen Sie auf Ihren Computer verzichten. Oder auf Schmerzmittel, wenn Sie Kopfweh haben.

Zweite Großmutter: Ja, das sind viele solcher Dinge… Wir sind zum Beispiel auch gegen Nestlé gewesen und gegen sehr viele andere Firmen.

Zweite Großmutter: Nein, aber wir haben dann nicht Shell getankt. Das haben wir nicht gemacht, und das hat auch einen Grund. Und wir waren gegen Adidas, und das macht schon ein bisschen etwas aus ...

Henryk: Ja, für Ihr Wohlbefinden als Gutmensch macht das etwas aus, für Shell – entschuldigen Sie bitte – macht das einen Dreck aus. Also gehen Sie jetzt nach Hause und schmeißen Sie sofort Ihr Handy weg, weil da israelische Teile drin sind. Und den Computer abschalten!

Dritte Großmutter: *(empört)* Also ...

Henryk: Und wissen Sie eigentlich, warum Sie hier stehen? Sie stehen hier, weil ein paar blöde Amis ihr Leben dafür riskiert haben.

Dritte Großmutter: Nee.

Henryk: Doch. Der deutsche Widerstand würde immer noch im KZ sitzen, wenn die Amis nicht gewesen wären.

Dritte Großmutter: Ach Quatsch!

Henryk und Hamed im Auto.

Hamed: Henryk, wo liegt eigentlich Dein Problem? Ein paar Omas demonstrieren für den Frieden – was ist daran so schlimm?

Henryk: Die Omas sind okay. Und der Frieden ist okay. Aber sie haben sich sozusagen nur eine Friedens-Facette ausgesucht. In dem Aufruf schreiben sie: »Es droht ein globales Pogrom, provoziert durch Israel.« – Das heißt, alles andere kümmert die wenig – und allein diese Konnotation: »Globales Pogrom« ... Kann sein, dass ich hysterisch bin, aber für mich klingt es ein bisschen wie der »Jüdische Weltbrandstifter«, nur in einer politisch korrekten Sprache. Ich meine, die können ja ruhig für den Frieden demonstrieren, und vielleicht ist es besser, Oma steht auf der Straße und demonstriert für den Frieden, als dass sie zu Hause hockt und Opa terrorisiert.

Hamed: Sie sind sicherlich einseitig, aber in der Demokratie muss das möglich sein.

Henryk: Auf alle Fälle. Die Demokratie lebt ja von falschen Ansichten.

Tot ist tot

Beim Panzerbataillon 413

Wie lange ist es her, dass ich bei einer Demo mitge-
laufen bin und gerufen habe: »Die Bundeswehr ist
ungeheuer, erstens Scheiße, zweitens teuer!« Und
jetzt trage ich einen gefleckten Kampfanzug und fahre
einen 60 Tonnen schweren Leopard-Panzer. Das heißt,
ich werde gefahren. Ich stehe in der Einstiegsluke
und finde es toll, über einen Truppenübungsplatz in
Mecklenburg-Vorpommern zu krachen, als wäre ich
mit einem Go-Kart auf einem Rummelplatz unterwegs.
Ist doch was anderes als mein Daihatsu mit Servo-
lenkung. Im Panzer neben mir fährt Hamed, auch er lässt
den kleinen Rommel in sich von der Leine. Ich überlege,
wie es wäre, mit einem Leopard vor einem Aldi-Markt
vorzufahren, die Kanone auf den Eingang zu richten
und dann über einen Lautsprecher zu rufen: »Stimmt es,
dass Sie keine Einwegflaschen annehmen?« Oder durch
Klein-Machnow zu rollen und die Einwohner aufzufordern,
sich bei der NVA zum Dienst zu melden.

Henryk: Hamed, heute werde ich Dir einen alten Kinder-
wunsch erfüllen.

Hamed: Was denn?

Henryk: Ich sag's Dir nicht, es ist eine Überraschung.
Sabr, sabr, sabr! Nur Geduld!

Hamed: Seit wann sprichst Du Arabisch?

Henryk: Ich kann in allen Sprachen bluffen.

Hamed: Wenn ein Jude Arabisch spricht, dann ahne ich das
Schlimmste.

Henryk: Arabisch ist meine Spezialität.

Hamed: Dann schauen wir mal, was Du im Schilde führst.

Am Eingang zur Ferdinand-von-Schill-Kaserne, Panzerbataillon 413, in Torgelow.

Wachmann: Guten Tag, was wollen Sie hier?
Henryk: Wir möchten gerne Panzer fahren.
Wachmann: Panzer fahren?
Henryk: Ja.

Der Wachmann salutiert und öffnet die Schranke.

Hamed: Mann … wie hast Du das geschafft?

Henryk: Hast Du doch gehört: Ich habe einfach gesagt, wir wollen Panzer fahren.

Hamed: Wahnsinn!

Henryk: Ich habe allerdings auch gesagt, ich habe einen Gast bei mir – den Enkel von Gamal Abdel Nasser. Dann ging alles ganz leicht.

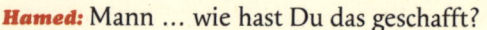

Man geht schon ganz anders in so 'ner Uniform, find' ich.

Man hat Größenwahn.

Nein, du nimmst Haltung an. Hab' ich Dir schon gesagt, dass ich fünf Kilo abgenommen habe?

Ja, und zwar bis jetzt schon 25 Mal.

Offizier: Nun zu unserer Lage. Wir befinden uns in Vettina. Vettina muss man sich vielleicht wie Stettin vorstellen. Ist jedem bekannt, wo das liegt? Vettina fürchtet einen Angriff seitens Seeland auf seine nördlichen Lagerstätten und bat daher die Vereinten Nationen um Hilfe. Traditionell unterhält Vettina ebenfalls enge Beziehungen zu Deutschland und anderen demokratischen Nationen. Im Rahmen der Vereinten Nationen wurde entschieden, bei der NATO um Unterstützung zu bitten, um einem Angriff von Seiten Seelands entgegen zu wirken. Deutschland ist durch Abstimmung im Bundestag im Rahmen der NATO an dieser Mission beteiligt: Es stellt zum Schutz Vettinas eine Panzergrenadierdivision sowie Anteile des multinationalen Stabes und hat bereits vorgesehene Räume in Absprache mit Vettina und der

NATO bezogen. – So, nun zum Auftrag: Charly hat den Auftrag, auszubilden mit den Schwerpunkten »Marsch« und »Beziehen von Räumen«.

Hamed: Ich habe eine persönliche Frage: Sind Sie Pazifist?
Soldat: Ich bin ein friedliebender Mensch, deswegen bin ich bei der Bundeswehr – wenn Ihnen die Antwort genügt. Ich bin ja nicht hier, weil ich gerne Krieg führe, sondern weil ich gerne Krieg vermeiden möchte. Dadurch, dass ich hier bin, und dadurch, dass wir unsere Aufgabe erfüllen … Ja, wenn Sie so wollen: Ich bin Pazifist. Ich arbeite für den Frieden.

Henryk und Hamed stehen vor den Panzern.

Henryk: Also, ich war nie von Kriegsgerät fasziniert, und das bin ich auch heute nicht – aber ich finde, wenn so ein Panzer angelassen wird, das hat was, nicht? Dieses Gedröhne …

Hamed: Das habe ich ja vorhin gemeint. Wenn du diese Uniform anhast und so einen Panzer siehst – da kriegt man Lust, Polen zu überfallen. Jetzt versteh' ich endlich, warum die Deutschen Pazifisten sind. Ich glaube, die Deutschen haben einfach Angst, kriegsrückfällig zu werden, deshalb verstecken sie sich hinter dieser Haltung von Pazifismus.

Henryk: Und zwar die totale Quarantäne! So wie ein trockener Alkoholiker nicht einmal ein Mon Chéri nimmt … Sie verbieten ihren Kindern sogar Zinnsoldaten. Das wäre schon der Rückfall. Aber weißt Du, von allem abgesehen – ich finde das schon irre, und ich habe mich noch nicht daran gewöhnt: Polen in der NATO! Deutsche und polnische Soldaten gemeinsam im Manöver!

Hamed: Franzosen und Engländer auch!

Henryk: Franzosen und Engländer auch – das ist noch toller!

Henryk und Hamed tarnen einen Panzer mit kleinen Zweigen.

Hamed: Wow, das macht wirklich Spaß!

Henryk: Ich finde das alles sehr nett. Wenn ich ein bisschen jünger wäre, würde ich vielleicht in Versuchung geraten mitzumachen – wenn die bloß nicht so tierisch früh aufstehen würden. Das geht nicht.

Hamed: Krieger müssen immer früh aufbrechen, glaube ich.

Henryk: Ja, seltsam. Alle Kriege fangen im Morgengrauen an. Kann man nicht einmal einen Krieg anständig am Nachmittag anfangen, nach dem Kaffeetrinken?

Hamed: Das haben wir Ägypter einmal gemacht, gegen Israel: Jom Kippur 1973. Das war der erste Krieg, den wir gegen Israel gewonnen haben – zumindest die ersten drei Tage. Das war ein gutes Gefühl.

Henryk: Auf ins Gefecht!

🐾

Voll die Auswahl! Welchen nehm ich bloß?

Beim gemeinsamen Mittagessen im Freien mit drei Soldaten.

Hamed: Wie lange sind Sie schon beim Bund?

Erster Soldat: Erst vier Jahre.

Zweiter Soldat: Ich viereinhalb Jahre. Macht Spaß.

Henryk: Uns kommt es ein bisschen vor wie Räuber und Gendarm, was Sie hier machen.

Erster Soldat: Das könnte man so bezeichnen.

Zweiter Soldat: Ein bisschen vielleicht.

Wenn Sie sich einen Auslandseinsatz aussuchen könnten, wenn das wirklich nur von Ihnen abhängen würde, wo würden Sie dann hingehen?

Nun, im Kosovo waren wir schon, noch mal muss man da nicht hin.

Dritter Soldat: Es wäre schön, wenn es so einfach wäre. Wir gehen nach Hause, und alles ist schön – so ist es aber leider nicht.

Henryk: Dann bricht der Frieden aus.

Dritter Soldat: Ja genau! Das wäre natürlich das Tollste, wenn man jetzt sagen könnte, wir dürfen morgen nach Hause fahren, aber das geht nun mal nicht. Das ist ein langwieriger Prozess, das kann man nicht von heute auf morgen erzwingen.

Henryk: Würden Sie sich freiwillig für Afghanistan melden?

Dritter Soldat: Ja. In absehbarer Zeit geht unsere Einheit ohnehin nach Afghanistan. Ich wusste das ja vorher. Das weiß jeder, der sich heutzutage länger verpflichtet, dass die Möglichkeit oder mittlerweile fast die Sicherheit besteht, nach Afghanistan zu müssen. Warum nicht?

Henryk: Kein Unbehagen? Keine Angst? Ich meine, was Sie hier machen, das ist eine schöne Übung, aber da drüben ist es richtig ernst.

Dritter Soldat: Gut, es ist gefährlich – aber dafür sind wir da. Wir sind Soldaten.

Henryk: Und das Risiko unterschätzt keiner?

Dritter Soldat: Nein. Sicher muss man warten, bis man ankommt, dann ist man sich dessen vielleicht mehr bewusst, aber, wie gesagt, das haben wir ja vorher gewusst.

Hamed: Wie begründen Sie, dass ein Feuerwehrmann oder ein Polizist mehr Ansehen in der Bevölkerung hat als ein Berufssoldat?

Dritter Soldat: Man sieht eben mehr von der Arbeit des Feuerwehrmanns, wenn es dann wirklich brennt. Oder jemand ist schon mal betroffen gewesen von einem Brand. Da kam die Feuerwehr und hat schnell geholfen. Und die Polizei hat geholfen. Und da hat man natürlich ein höheres Ansehen in der Bevölkerung. Uns sieht man nur im Fernsehen, wenn etwas passiert – und meistens kommen nur die negativen Schlagzeilen, wenn wieder mal ein Kamerad gefallen ist oder verwundet wurde. Wenn etwas Gutes vollbracht wurde, dann eher nicht – höchstens mal bei einem Hochwasser, 2002 oder 1997, als die Bundeswehr eingesetzt wurde. Da konnte man sagen: Hier ist mal ein positives Beispiel der Bundeswehr. Aber ansonsten kommt unsere Arbeit wenig oder schlechter rüber im Fernsehen.

Henryk: Sie sagten gerade, wenn ein Kamerad *gefallen* ist: Man hat ja ziemlich lange nur darüber gesprochen, dass einer *gestorben* ist. Ich glaube, erst mit dem neuen Verteidigungsminister hat man das Wort *gefallen* eingeführt.

Dritter Soldat: Das kam relativ spät, ja.

Henryk: Wie fanden Sie das? Ich meine, wenn einer in Afghanistan stirbt, dann ist das doch kein Verkehrsunfall, nicht wahr? Das ist schon etwas anderes. Man hat das Wort irgendwie jahrelang vermieden. Sterben ist ja etwas Natürliches. Und im Kampf *fallen* ist nicht ganz so natürlich.

Dritter Soldat: Das ist richtig. Die Politik hat versucht, das lange zurückzuhalten – ist ja logisch, man will diese negative Publicity ja nicht haben. Irgendwann konnten sie es dann nicht mehr. Im Endeffekt ist es nur ein Ausdruck, eine Bezeichnung. Ob der Mensch stirbt oder ob er fällt, das macht ihn ja nicht mehr lebendig. Tot ist tot.

Henryk: Aber für die Wertschätzung des Einsatzes ist es vielleicht etwas anderes.

Dritter Soldat: Sicher, auf der Ebene denke ich schon, ja. Da haben Sie Recht.

Hamed und ich hatten einen wirklich schönen Tag
bei der Bundeswehr. Die Leute waren nett, sogar
das Mittagessen aus der Feldküche hat geschmeckt.
Alle, die wir gesprochen haben, waren
schon in Afghanistan oder bereiteten sich
auf ihren Einsatz am Hindukusch vor.
Wie Feuerwehrleute, die wissen, dass
sie ausrücken müssen, wenn es irgendwo
brennt.

Wäre es nicht wünschenswert, dachte
ich am Ende des Tages, wenn die Bürger in
Zivil ein wenig von den Bürgern in Uniform
lernen würden? Dass man sich und andere verteidigen
muss, wenn nötig auch unter Einsatz des eigenen Lebens?
Die gleiche Gesellschaft, die Zivilcourage predigt,
wenn es darum geht, »Zeichen zu setzen« — gegen das
Abschmelzen der Polkappen und für den Schutz der
Eisbären —, kuscht vor der Gewalt und begründet dies
mit juristischen Finessen. Im Prozess gegen die beiden
Jugendlichen, die Dominik Brunner an einer Münchener
S-Bahn-Station tot geprügelt haben, wurde darüber
räsoniert, ob ein Fall von Mord, Totschlag oder nur
Körperverletzung mit Todesfolge vorliegt. Dabei kam
auch zur Sprache, ob Dominik Brunner als Erster zuge-
schlagen und seine Killer provoziert hatte. Und ob
den Tätern als mildernder Umstand angerechnet werden
sollte, dass ihr Opfer herzkrank und einer Prügelei
nicht gewachsen war.

Als Zivilcourage kann also demnächst verstanden
werden, wenn Schläger sich als Erstes nach dem Gesund-
heitszustand ihres Opfers erkundigen — »Haben Sie einen
Schrittmacher oder einen frischen Bypass?« —, bevor sie
es zusammenschlagen. Dann würden sie immer noch belangt
werden können, aber nur wegen unterlassener Hilfe-
leistung.

Man könnte sie auch zur Resozialisierung nach Afghanistan schicken. Als Botschafter des interkulturellen
Dialogs mit den gemäßigten Taliban.

Hahaha-Hohoho

Lachen für den Frieden

Henryk und Hamed fahren im Auto.

Henryk: Hamed, hast Du mal Yoga gemacht?
Hamed: Ja, ich hab das sogar bei einem indischen Meister gelernt. Eine großartige Sache.
Henryk: In Indien?
Hamed: Nein, in Taiwan.
Henryk: Und was hat er Dir beigebracht?
Hamed: Techniken, wie man sich entspannt, in sich geht, seine Grenzen überwindet, sich selbst erfährt – quasi das, was eigentlich alle Friedensaktivisten wollen.
Henryk: Und hat's bei Dir geholfen?
Hamed: Ich glaub' schon.
Henryk: Bist Du danach friedlicher geworden?
Hamed: Ein Stück weit, ja. Und Du? Hast Du mal Yoga gemacht?
Henryk: Ja, aber eher zufällig. Ich ging neulich mit Wilma in Hamburg spazieren, und da stand plötzlich so ein Plakat: »Lachyoga«.

Hamed: Lachyoga? Was ist denn das?

Henryk: Das habe ich auch nicht gewusst. Ich bin sofort rein – nette Leute, sie haben mich sofort eingeladen mitzumachen. Im Prinzip geht's darum: Wenn du andere mit deinem Lachen ansteckst und auf andere mit einem freundlichen Lächeln zugehst, dann wirst du selbst auch friedlich, und auch der andere wird friedlich. Und das hab' ich ausprobiert.

❖

Henryk besucht einen Lachyoga-Kurs in Hamburg. Die Kursteilnehmer rufen gemeinsam »Hahaha-Hohoho« und klatschen sich gegenseitig in die Hände.

Henryk: Warum bin ich nicht schon viel früher hergekommen?!

Trainerin: *(voller Begeisterung)* Das sagen die meisten! Schaut in diesen wunderbaren, blauen Lachhimmel und strahlt mal etwas nach oben und entspannt Euch … genießt es!

Henryk: Aber es geht nicht nur um Atemübungen oder nur um das Zwerchfell, es hat auch eine gesellschaftliche Bedeutung?

Trainerin: Ja. Die Menschen, die hier zusammen in Lachclubs lachen, verbinden sich mit sich selbst und verbinden sich auch mit den Leuten, die im Lachclub sind. Durch dieses regelmäßige Lachen werden sie immer heiterer, immer gelassener und immer zufriedener mit ihrem Leben – und das strahlen sie auch auf ihre Umgebung ab, auf ihre Mitmenschen.

Henryk: Und werden die Menschen damit friedlicher?

Trainerin: Ja. Ganz, ganz sicher, das kann ich Ihnen versprechen. Weil sie mehr in sich ruhen, weil sie mehr in Balance kommen, in Harmonie sind.

Henryk: Ist das quasi ein Beitrag zur Friedensbewegung?

Trainerin: Ja.

Henryk: Sind Sie Pazifistin?

Trainerin: Ja, absolut!

Henryk: Sind Sie gegen jeden Krieg? Auch gegen Verteidigungskriege?

Trainerin: Da haben Sie mich jetzt erwischt! Ich bin natürlich auch ein ängstlicher Mensch, wenn es darum geht, dass mir jemand körperliche Gewalt zufügt oder meinen Kindern etwas tut, meiner Familie – und da wäre ich, glaube ich, schon froh, wenn's da jemanden gäbe, der mich beschützt.

Henryk: Diese Übungen in allen Ehren – das ist ja wirklich etwas Schönes, aber im Prinzip muss man doch in der Lage sein, sich selbst zu verteidigen, statt sich darauf zu verlassen, dass jemand einem zu Hilfe kommt. Darauf kann man durchaus auch mal vergeblich warten.

Trainerin: Ich bin der Meinung, dass der Weg anders sein muss – und zwar so, dass der Frieden von innen heraus kommt, von jedem einzelnen Menschen. Mein Beitrag zur Friedensbewegung ist der, dass ich diese Menschen hier fröhlich mache, dass ich Lachyoga-Kongresse organisiere und dass ich versuche, auf diese Art und Weise den Menschen bewusst zu machen, dass es eine Kommunikationsform gibt, die dazu angetan ist, das Eis zu brechen – und die dazu angetan ist, wirklich auch Frieden in die Welt zu bringen.

Henryk: Wird die Welt, wenn Sie so weitermachen, in zehn Jahren friedlicher sein?

Trainerin: Ja, bestimmt! Helfen Sie uns ein bisschen!

Henryk: Dann lachen wir wieder zusammen. – Ich danke Ihnen.

Henryk und Hamed im Auto.

Henryk: Es ist sozusagen Lachen für den Frieden. Aber mir hat's nicht so viel gebracht, obwohl ich finde, im Prinzip ist es eine gute Idee. Die wollen einfach die Welt verbessern, indem die Leute sich anlächeln. Dagegen kann man nichts sagen.

Hamed: Auf jeden Fall macht das für mich mehr Sinn als Vorträge und diese verquasten Begriffe über den Frieden zu benutzen. Es gibt mittlerweile Begriffe, die ich nicht mehr hören kann – wie zum Beispiel »Brücken bauen« oder »aufeinander zu gehen«.

Henryk: »Brücken bauen« finde ich mit am besten.

Hamed: Ich hasse diesen Begriff. Auf Englisch gibt's mittlerweile auch solche Begriffe, zum Beispiel »border crossing« – das erinnert mich an Polen '39!

Henryk: Das war nun wirklich ein erfolgreiches »border crossing«!

Lieberman soll mir meinen Koffer zurückgeben!

Zu Besuch bei Norman Paech

Begrüßung im Vorzimmer von Norman Paech, Friedens-Experte in Sachen Israel und Gaza, im Hamburger Büro der Linkspartei.

Henryk: Guten Tag, Herr Paech.

Norman Paech: Guten Tag, Henryk Broder.

Henryk: *(zeigt auf Hamed)* Hamed Abdel-Samad.

Norman Paech: Ich grüße Sie. Kommen Sie herein.

Henryk: Ich danke Ihnen vielmals.

Hamed: *(zeigt auf den Hund)* Das ist Wilma.

Norman Paech: *(bringt eine Schale Wasser)* Das ist für Wilma. Es ist ja so heiß.

Henryk: Oh, das ist sehr nett. Vielen Dank.

Ein Gentleman!

Alle drei nehmen am Schreibtisch von Norman Paech Platz.

Henryk: Herr Paech, erst mal vielen Dank, dass Sie sich die Zeit für uns genommen haben. Wir wissen das wirklich zu schätzen, weil wir wissen, dass Sie viel zu tun haben. Und weil ich weiß, dass wir schon einmal aneinander geraten sind. *(grinst)*

Hamed: Es gibt die Friedensforschung jetzt seit mehr als 50 Jahren. Denken Sie, dass diese Forschungen zur Befriedung der Welt beigetragen haben? Ist die Welt dadurch sicherer oder friedlicher geworden?

Norman Paech: Wenn die Politik die Vorschläge der Friedensforschung etwas ernster genommen hätte, dann wäre es zweifelsohne so. Ich gebe zu, vieles ist utopisch. Aber es gibt da einen Satz von Goethe, den ich neulich gelesen habe. Der sagt, in der Idee leben heißt, das Unmögliche behandeln, als wenn es möglich wird. Pazifismus und Frieden ist eine Idee. Das ist etwas Unmögliches, wie man im Augenblick denkt. Aber es ist das Unmögliche behandeln, den Frieden behandeln, damit er möglich wird.

Henryk: Gibt es eine Prophylaxe gegen den Krieg?

Norman Paech: Hm, tja. Ich bin – ich hatte es Ihnen ja gesagt – grundsätzlich der Ansicht, dass alle gesellschaftlichen und politischen Probleme ohne Krieg gelöst werden müssen und auch können. Ob es immer eine Prophylaxe gibt, da zweifle ich noch.

Henryk: Helfen Sie meiner Erinnerung. Waren Sie damals eigentlich gegen oder für eine Intervention in Jugoslawien? Ich weiß es nicht mehr.

Norman Paech: Ich war gegen die Intervention.

Henryk: Sie waren dagegen?

Norman Paech: Ja, ganz eindeutig.

Henryk: Obwohl Tausende von Menschen ziemlich böse massakriert worden sind?

Norman Paech: Ja, ja. Nun, es ist so gewesen, das wissen Sie auch, es gab sozusagen im Rahmen der UNO sozusagen nur zwei Möglichkeiten, militärisch zu intervenieren. Entweder man wird selber angegriffen, was aber nicht der Fall war, also Artikel 51 …

Henryk: … der Verteidigungsfall.

Norman Paech: Genau. Oder es ist ein Mandat der UNO. Das haben die USA und die NATO umschifft, weil sie meinten, das kriegen wir doch nicht zustande. Erst nachdenken, und dann handeln – das verlange ich von den Staaten. Das ist sozusagen ein Unterschied zwischen der Individualpsychologie und der politischen Sozialpsychologie.

Henryk: Das ist ohne Zweifel richtig. Aber andererseits kann es in einem Staat, bei dem zu lange gewartet wird, bis interveniert wird, niemanden mehr geben, der gerettet werden könnte.

Norman Paech: Darf ich Ihnen was erzählen?

Henryk: Bitte.

Norman Paech: Im Vorfeld des Irakkrieges, als die USA überlegten, wie kommen wir zu einem Mandat, gab es die langen Diskussionen im Sicherheitsrat. Als die Situation patt war und der Sicherheitsrat sich eigentlich nicht mehr bewegte, gab es eine Bewegung, die sagte: Übertragen wir das doch nach der

alten Resolution Uniting for peace, die es damals im Korea-
Krieg gab, der Generalversammlung, damit die uns da raushält.
Als die USA das erfuhren, haben sie einen Brief an alle Staaten
geschickt und haben gesagt: Dieses ist nicht im Interesse der
USA, wir würden das als einen Akt gegen uns gerichtet sehen.
Dieses ist etwas, was man sich nachträglich mal überlegen
kann, weswegen die USA eigentlich nicht bereit waren, diese
Frage einem solchen Gremium wie der UNO-Generalversamm-
lung zu überlassen.

Henryk: Herr Paech, wir sind nicht hier, um die USA zu verteidigen. Wir sind eigentlich hier, um einen Friedenspolitiker
zu fragen, ab wann es für ihn unerträglich wird. Und ich kann
mich an den Jugoslawienkrieg noch ganz gut erinnern, nicht
an alle Einzelheiten, aber was da passiert ist, war einfach
ungeheuerlich. Und können Sie sich nicht doch eine Situation

vorstellen, wo Sie Ihre juristischen und legalistischen Bedenken für eine Minute, eine Weile zur Seite räumen und dann sagen: Wir intervenieren? Es gab ein holländisches Bataillon, das stand Gewehr bei Fuß ... war das Srebrenica oder ...

Norman Paech: (*unterbricht*) ... ja, Srebrenica.

Henryk: Bei Srebrenica. Und derweil sind paar tausend Menschen ermordet worden. Achttausend Menschen, ich glaube mehrheitlich Moslems, aber das spielt ja keine Rolle. Und das holländische Bataillon stand, es hat darüber hinaus dann eine

Regierungskrise in Holland gegeben – vollkommen zu Recht, man hätte eine Regierung, die so etwas hingenommen hat, verbannen müssen und nicht nur aus dem Amt jagen. Fanden Sie nicht, dass das eine Situation war, wo man zuerst interveniert und dann fragt?

Norman Paech: Wenn Sie einmal sagen, auch ohne die Legitimation der UNO-Charta – also Zuhilfekommen oder Selbstverteidigung über Artikel 42 – dann haben Sie einen Damm gebrochen, und dann ist das Chaos wieder perfekt.

Henryk: Wir leben im Chaos, Herr Paech. Es gibt zurzeit, korrigieren Sie mich, vierzig oder fünfzig bewaffnete Konflikte in der Welt. Das heißt, wir haben jetzt die Auswahl zwischen wenig Chaos und noch mehr Chaos. Oder viel Chaos und noch viel mehr Chaos.

Norman Paech: Wir haben vielleicht die Auswahl zwischen Chaos, aber Reduzierung des Chaos mit strikter Rechtsbindung. Vielleicht bin ich dort sozusagen mehr professioneller Idiot als Jurist, das gebe ich zu, aber ich bin im Augenblick ... nun, ich kenne keine andere Ordnung, die uns die Möglichkeit gibt, das Chaos zu reduzieren. Bei all den Problemen, die wir haben, haben wir aber immerhin noch einen relativ geordneten Verkehr der Staaten untereinander.

Henryk: Der Staaten? Aber die Idee der Souveränität äußert sich ja heute darin, dass jeder Staat ganz souverän seine eigene Bevölkerung hinmetzeln kann. Souveränität ist das Recht, das eigene Volk zu terrorisieren.

Norman Paech: Nein …

Henryk: Natürlich nicht in der Bundesrepublik! Aber in genug anderen Ländern.

Norman Paech: Ja, aber mit Krieg … denken Sie doch an Afghanistan … Sie müssen doch mal sehen, dort ist jetzt acht Jahre Krieg, und das Chaos ist immer größer geworden. Und diese künstliche Ruhe im Irak … wenn Sie das als Ordnung und Ruhe bezeichnen, dann haben wir in der Tat einen unterschiedlichen Begriff davon, was Chaos und was Ruhe ist.

Henryk: Müsste Ihnen als Friedenspolitiker nicht ein künstlicher Frieden, eine künstliche Ruhe lieber sein als ein natürliches Blutvergießen?

Norman Paech: Nein, das ist immer ein Frieden auf den Spitzen der Bajonette. Das hat Napoleon schon gesagt, so kann man keinen Frieden machen.

Henryk: Sie sind sich schon darüber im Klaren, dass wir drei – Sie als Autochthoner und wir beide als Beute-Deutsche – uns in aller Ruhe miteinander streiten können, weil die Alliierten interveniert haben.

Norman Paech: Ja, ja.

Henryk: Also gibt es doch Frieden auf den Spitzen der Bajonette?

Norman Paech: Nein, denn da ist sozusagen ein Regime beseitigt worden, das wirklich menschenrechtsverachtend und furchtbar war.

Hamed: Aber kann man nicht von einem kollateralen Nutzen des Krieges sprechen, dass sogar auf diesen Trümmern Frieden und Demokratie entstanden sind?

Norman Paech: Hier, ja. Also in Deutschland durchaus. – Wir haben so eine rationale Gesellschaft. Das können wir letztendlich verändern. Seien Sie doch nicht so pessimistisch, indem Sie sagen, die Menschen sind alle so idiotisch und können das nicht.

Henryk: O nein, ich glaube nicht, dass die Leute idiotisch sind. Im Gegensatz zu Ihnen halte ich viel vom Stammtisch. Ich glaube, im Prinzip, dass am Stammtisch manchmal mehr Weisheit versammelt ist als in allen Leitungsgremien aller Parteien.

Aber glauben Sie wirklich, dass das, was Sie gerade gesagt haben, funktioniert? Also Schwerter zu Pflugscharen, das Schorlemmer-Modell?

Norman Paech: Ich hatte Ihnen ja den Satz von Goethe schon zitiert.

Henryk: Goethe schon, aber der ist ja tot.

Norman Paech: Aber es gibt so gewisse Sätze, an die man immer noch mal erinnern kann …, dann müssen Sie sagen, Frieden ist sozusagen genetisch nicht im Menschen verhaftet, sondern genetisch nur der Krieg. Und dagegen wehre ich mich.

Henryk: Das ist jetzt eine kulturanthropologische Debatte, man kann schon davon ausgehen, dass der Krieg der Normalzustand und der Frieden die Ausnahme ist.

Norman Paech: Gut, Sie haben das Hobbes'sche Modell, ich habe das Kant'sche Modell. Das ist sozusagen ja auch in der Philosophie sehr unterschiedlich. Ich bin der Überzeugung, dass es einen Friedenszustand in dieser Welt geben kann, weil es sozusagen der Normal- und der bessere Zustand ist. Das ist sozusagen auch die Position der Aufklärung, auch gerade der deutschen Aufklärung auch bei den Juristen gewesen. Also ich bin da nicht so skeptisch, obwohl ich im Augenblick in der Tat nicht sehr viel überzeugende Beispiele dafür habe, dass wir so viel Frieden haben.

> Sie sind also sozusagen die Friedenstaube, und ich bin Leviathan.

> Ich glaube, Sie überschätzen sich. Ich kann mich mit der kleinen Friedenstaube gut identifizieren.

> Ich glaube, diese Art der Selbstüberschätzung, Herr Paech, zeichnet uns beide aus. Endlich etwas, was wir gemeinsam haben.

Hamed: Die Konflikte, die jetzt in der Welt stattfinden … haben Sie so etwas wie eine Prioritätenliste, wo man dringend eingreifen sollte?

Norman Paech: Ja, ja. Im Augenblick durchaus schon … Das ist Afghanistan, das ist auf jeden Fall die Prävention eines Krieges gegen Iran. Der Iran steht unter einer mächtigen Drohung der USA und des Quartetts und auch Israels. Es wird immer gesagt, die Bedrohung ist umgekehrt. Nein, die Bedrohung – so sehe ich das – geht davon aus.

Henryk: Ach was, Iran wird bedroht? War es Ministerpräsident Netanjahu, der einmal gesagt hat, Iran gehört aus den Geschichtsbüchern gestrichen, gehört von der Landkarte ausradiert, oder war es vielleicht doch Ahmadinedschad?

Norman Paech: Nein, nein. Darum geht es nicht. Es geht darum, dass allwöchentlich …

Henryk: Doch, es geht darum, wer wem welche Form der Auslöschung versprochen hat.

Norman Paech: Aber das ist immer wieder jene hochkommende falsche Übersetzung einer Rede von Ahmadinedschad.

Henryk: Das ist keine falsche Übersetzung. Er hat es so gesagt.

Norman Paech: ... aber ich glaube, das wird nun eine sehr unfruchtbare Diskussion.

Henryk: Sprechen Sie da über sich?

Norman Paech: Nein, aber ich kenne die Diskussion, weil es eine sehr lange war. Ahmadinedschad sagt Folgendes: Israel wird von der Landkarte verschwinden. Aber er hat nie gesagt:

Wir werden dazu vorgehen, um Israel von der Landkarte zu beseitigen.

Henryk: Herr Paech, ich würde es nie sagen, aber wenn ich jetzt sagen würde: Norman Paech wird sich das Genick brechen, so würden Sie doch nicht glauben, dass ich Ihnen freundlich gesinnt bin, oder?

Norman Paech: Doch!

Henryk: Doch?

Norman Paech: Sie würden mich warnen, indem Sie sagen: Mach nicht so weiter. Mir haben doch viele gesagt: Geh' nicht auf dieses Schiff, auf diese Mavi Marmara, alter Mann. Das ist nicht zu vergleichen. Sie wären garantiert auch auf so ein Schiff gegangen.

Henryk: Nein, da wäre mir das Essen zu schlecht gewesen.

Norman Paech: Furchtbar schlecht!

Henryk: Das Essen war furchtbar schlecht?

Norman Paech: Ja.

Henryk: Vielleicht noch eine allerletzte Frage: Haben Sie schon mal überlegt, was auf Ihrem Grabstein stehen würde?

Norman Paech: Ich will gar keinen Grabstein. Eigentlich will ich, dass es einfach irgendwo hingestreut wird. Ich möchte gar nichts, wo man immer wieder hin geht und sagt: Wer war das eigentlich? Haben Sie denn einen Spruch für mich?

Henryk: Ja, genau darauf wollte ich hinaus. Wir haben uns etwas für Sie vorhin im Auto überlegt: ›Ein Leben für den Frieden‹ – das wäre doch ganz schön, oder?

Norman Paech: Das heißt, Sie denken schon, dass ich bald dahinsieche. Sie wünschen mich eigentlich schon ins Grab … ich habe mir nie Gedanken gemacht, was Sie über Ihrem Grab zu stehen haben!

Henryk: Herr Paech, nein, das ist anders.

Norman Paech: *(unbeirrt)* … weil ich mich nie mit Ihrem Tod beschäftigt habe.

Henryk: Nein, nein. Sehen Sie, jetzt reagieren Sie wie Ahma-dinedschad gegenüber Israel. Ich hab's nur gut gemeint.

Norman Paech: ›Dass Sie bald verschwinden‹. Das haben Sie gemeint. Nein, so weit kommt es noch nicht. Ich lebe ja noch lange. Ich überstehe ja selbst solche gefährlichen Exkursio-nen wie »Free Gaza«. Zäh bin ich schon.

Henryk: »Free Gaza« ist aber nichts, verglichen mit einem Gespräch zwischen uns.

Norman Paech: Für Sie? *(lacht)* Gut.

Alle stehen auf, geben sich die Hände, bleiben aber noch im Zimmer stehen. Henryk setzt seine Sonnenbrille auf.

Henryk: Merci vielmals.

Norman Paech: Wen interviewen Sie denn noch als Friedens-freund?

Henryk: Wir wollten eigentlich noch mit Ahmadinedschad reden, aber er hat noch nicht die richtige Bereitschaft gezeigt.

Norman Paech: Dann würde ich Ihnen empfehlen, reden Sie mal mit Avigdor Lieberman. Das ist ein adäquater Partner.

Henryk: Sie bringen uns auf den Geschmack.

Norman Paech: Danke. Sie haben doch bestimmt bessere

Verbindungen zu ihm, ich kann da in den nächsten zehn Jahren nicht mehr hinein. Das haben die mir gesagt.

Hamed: Mich würde er nicht akzeptieren, weil ich Araber bin.

Norman Paech: *(zeigt auf Henryk)* Aber ihn!

Henryk: Hm, seine besten Freunde sind Araber. Ich glaube aber, meine Verbindung zu Lieberman ist so solide wie Ihre zum KGB.

Norman Paech: Na, das nun gar nicht. Das ist vollkommen falsch. Sie können sagen, wie meine Verbindung zu Gregor Gysi. Das ist in der Tat so.

Henryk: Das ehrt mich. Aber: Sie unterstellen etwas, ich unterstelle etwas zurück.

Norman Paech: Aber wenn Sie die sprechen, dann sagen Sie denen doch mal, sie mögen das als einen Akt der Selbstverteidigung angesehen haben, das, was sie mit uns gemacht haben. Wenigstens unsere Sachen sollen sie uns zurückgeben …

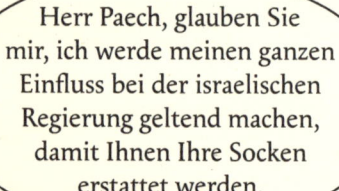

Henryk: Es ist alles längst in Gaza auf dem Schwarzmarkt. Also sagen Sie Ihren Freunden von der Hamas, Sie mögen es Ihnen zurückgeben!

Norman Paech: Nein, das ist die Aufgabe dessen, der mich mit Raub bestohlen hat!

Henryk: Sie wenden sich deswegen klagevoll an mich?

Norman Paech: Nein. Aber weil ich mir sage, wenn Sie dann zu Lieberman gehen, dann …

Henryk: Es ist wieder einer Ihrer Konditionalsätze …

Hamed: *(unterbricht die beiden)* Aber mir gefällt das gar nicht, dass Sie ihm unterstellen, er sei ein Freund von Lieberman und *(schaut Henryk an)* und dass er ein Freund der Hamas ist. Ich glaube, das trifft in beiden Fällen nicht zu, und wir sollten uns freundlich verabschieden.

Norman Paech: Okay. Ich hätte nie gedacht … *(reicht Henryk die Hand)*

Henryk: Grüßen Sie die Hamas!

Norman Paech: … dass wir uns noch einmal so … das wollte ich eigentlich nie!

Henryk: Wirklich? Jetzt gehören Sie doch zu meinem Fanblog.

Norman Paech: *(zieht die Hand wieder zurück)* Nein, nein. Was ich Ihnen übel nehme, das muss ich Ihnen ehrlich sagen, wie Sie … mit Frau Hecht-Galinski und mit Frau Felicia Langer umgehen. Das ist unter der Gürtellinie, das sage ich Ihnen ganz offen.

Henryk: Sehen Sie, unter der Gürtellinie findet man die schönsten Plätze.

Norman Paech: Aber nicht bei den Damen, kommen Sie!

Henryk: Nicht bei diesen beiden Damen!

Das geht jetzt aber zu weit!

Norman Paech: Und jetzt, schauen Sie mal *(zeigt in die Kamera)*, was machen Sie damit eigentlich?

Henryk: Wir halten es fest für die Ewigkeit.

Norman Paech: Nein, das sage ich Ihnen ganz offen. Ich meine, das Fernsehen und auch das Radio hat ein gewisses Amüsement, aber so scheußlich, das finde ich eigentlich – wenn Sie Niveau haben –, dann sollten Sie das unterlassen. Das ist unter Ihrem Niveau.

Hamed: *(lacht, zeigt auf Henryk)* Er kann das Wort »Niveau« nicht einmal buchstabieren!

Henryk: Wissen Sie, das Wort »Niveau« gehört bei mir so zum Fremdwörterlexikon wie bei den Linken der Begriff »Privateigentum«.

Norman Paech: Nein, wie bei uns der Begriff »Stolz«. Den kennen wir in der Tat nicht, der ist für uns vollkommen weg. Aber wir haben auch sonst einige Dinge, die wir … *(überlegt kurz)* … also Privateigentum lieben wir. Dieses *(greift sich ans Hemd)* wird immer mein Privateigentum bleiben. Es soll nur sozusagen … aber jetzt kommen wir … *(winkt ab)*

Henryk: *(feierlich)* Ich gebe Ihnen das Wort der israelischen Regierung, Ihr Hemd wird nicht vergesellschaftet werden!

Norman Paech: Das ist klar! Sie sollen es mir nur nicht stehlen, was sie ja getan haben. Meine Koffer und alles. Alles das und meine Scheckkarte!

Henryk: Das ist alles eine Frage der Definition: Stehlen, umverteilen, das ist doch Teil des Programms. Komm, Wilma!

Und ich will meinen Kauknochen wieder haben!

Norman Paech: *(neigt sich zu Wilma, lacht)* Wilma! Jetzt ist es so weit, jetzt muss Papa …

Henryk: Wilma, auf zum Frieden!

Norman Paech: *(immer noch zu Wilma)* Jetzt schmeiß ich ihn raus, damit er nicht noch weiteren Unsinn hier treibt!

Henryk: Herr Paech, es hat Spaß gemacht.

Norman Paech: Vielen Dank.

Henryk und Hamed verlassen das Haus.

Henryk: Wilma folgt einem natürlichen Fluchtinstinkt.

Hamed: Henryk, Du bist so unfair.

Wir wollen keinen Kapitalismus, aber wir brauchen das Geld

Besuch bei Karsten in Christiania

Henryk und Hamed sind unterwegs zur basisdemokratischen Freistadt Christiania in Kopenhagen.

Henryk: Das ist so schön hier, dass man am liebsten aussteigen und sich im Gras wälzen möchte.

Hamed: Wie Wilma!

Henryk: Also wenn man eine Gegend knutschen könnte, käme für mich diese hier in die engere Wahl. Das schaut wie Bullerbü mit Smörrebröd aus – aber warum fahren wir eigentlich nach Kopenhagen?

Hamed: Wir fahren gar nicht nach Kopenhagen, wir fahren in den Freistaat Christiania in Kopenhagen. Es ist so eine Art unabhängige Kolonie, die vor vierzig Jahren von Aussteigern errichtet wurde. Die Leute haben ihre eigene Währung, ihre eigene Verfassung, aber sie haben zum Beispiel keine Polizei und wollen mit dem dänischen Staat nichts zu tun haben.

Henryk: Und das mitten in Dänemark?

Hamed: Mitten in Dänemark, so wie der Vatikan mitten in Rom. Ich habe in der Kolonie vor einem Jahr einen deutschen Aussteiger getroffen, der dort seit 30 Jahren lebt. Er leitet die Baukommission und betreibt den Einkaufsladen – und er hat mir irre Geschichten über Christiania erzählt.

Henryk: Und was ist die Grundidee der Kolonie?

Hamed: Pazifismus … Frieden auf Erden schaffen … Nicht nur über Frieden reden, sondern den Frieden leben.

Henryk: Aha. Und was machen die Leute hier außerdem, wovon leben sie?

Hamed: Von Luft und freier Liebe.

Henryk: Und davon wird man satt?

Hamed: Du wirst staunen.

Henryk, Hamed und Wilma laufen durch Christiania.

Hamed: Ich glaube, dort wohnt Karsten.

Henryk: In dieser Gärtnerei?

Hamed: Ja. – *(ruft)* Karsten? Karsten! Ah, da ist er ja. Na, Du alter Hamburger, wie geht's Dir?

(Karsten kommt herbei, er hinkt)

Karsten: Tag, Hamed!

Hamed: Was ist los mit Dir?

Karsten: Ich hab grad 'ne neue Hüfte gekriegt. Alles gut überstanden, wunderbar.

Hamed: Das ist Henryk.

Karsten: Hallo, Henryk.

Henryk: Guten Tag! Und das ist Wilma.

Hamed: Mann, hast Du es hübsch hier! Wunderschön!

Hamed: Karsten, wir möchten Dich etwas fragen, und zwar:
Wofür würdest Du eine Waffe tragen?

Karsten: *(verwundert)* Wofür ich eine Waffe tragen würde?

Henryk: … oder benutzen.

Karsten. *(denkt nach)* Ich habe mir letztens überlegt, auf die
Ratten zu schießen, die hier unter den Häusern rauskommen …

Hamed: Plausibles Motiv.

Henryk: Kann sich Eure Gemeinde eigentlich finanziell selbst
tragen? Seid Ihr sozusagen autark?

Karsten: Das wäre schön. Die meisten von uns haben ein sehr
niedriges Einkommen oder kriegen Sozialhilfe oder Arbeits-
losengeld.

Henryk: Vom Staat.

Karsten: Ja, vom Staat.

Aber dann klappt es mit dem Ausstieg doch nicht so ganz – ich meine, Ihr seid vernetzt, Ihr seid vom Staat abhängig …

Das liegt hauptsächlich am Einfluss des kapitalistischen Systems von draußen. Das schafft Unfrieden. Wie willst du dich distanzieren? Du kannst dich ja nicht distanzieren von dieser Welt, du lebst darin, du rennst darin rum – oder du musst ganz weit nach Sibirien, und …

Und zwischendurch brauchst du 'ne neue Hüfte.

Ja, zum Beispiel.

Henryk: Wie ist das hier mit dem Pazifismus, sozusagen als ideeller Existenzgrundlage?

Karsten: Grundsätzlich sind wir Pazifisten, wir wollen gerne friedlich sein.

Hamed: Aber es gibt auch hier Leute, die keines natürlichen Todes sterben, sondern auf der Straße erschossen werden – das ist, leider Gottes, in Christiania schon passiert. Kannst Du nicht auch ein bisschen selbstkritisch sein und sagen: Die Christianiten haben Dinge zugelassen, die ihnen viele Probleme bereiten, zum Beispiel Drogenhandel.

Karsten: Ja, Hasch haben wir zugelassen, alles, was mit Cannabis und Natur zu tun hat.

Henryk: Aber jetzt haben in der Pusher-Street die Dealer, die alles andere als friedfertig sind, das Sagen. Kann man das so formulieren?

Karsten: Da kommt man nicht drum herum, und da wird man auch mit Gewalt konfrontiert.

Henryk: Was ich damit sagen wollte: Wir sitzen hier in Deinem Garten, es ist wirklich wahnsinnig schön und es ist richtig friedlich …

Karsten: Ja, und so soll es auch bleiben!

Henryk: … aber wenn wir jetzt zu dritt mit den Kameras in die Pusher-Street gingen, dann könnten wir dieses Interview nicht so friedlich führen, nicht wahr? Passt das denn zum Pazifismus? Braucht Pazifismus nicht auch Regeln, die durchgesetzt werden? – Schau mal, ich finde es prima, wenn Du sagst: Ich bin gegen den Krieg in Afghanistan. Aber zuerst geht es doch um die Zustände hier um die Ecke. Ihr würdet gern die Pusher hier loswerden – aber Ihr schafft es nicht!

Karsten: Wir würden gern wieder so 'ne reguläre Linzenz für Cannabis kriegen, es wäre besser, wenn der Staat Cannabis legalisieren würde – dann könnten wir Lizenzen für ein paar Leute vergeben, nach dem Prinzip: Du bekommst einen Platz, du bezahlst so und so viel dafür oder gibst uns etwas von deinem Umsatz ab, damit du dableiben darfst.

Wohnst Du hier?

Ich bin ein verzauberter Hedgefond-Manager. Bitte hol mich hier raus!

Hamed: Aber genauso wird auch vom Staat der Kapitalismus organisiert. Wo ist dann der Unterschied?

Karsten: Ja aber … wir sind gegen Kapitalismus! Aber wir brauchen das Geld.

Hamed: Erich Fromm nennt das die »Furcht vor der Freiheit«.

Karsten: Ja, so in die Richtung. Verantwortung zu übernehmen. Das hört man viel hier.

Henryk: Wenn man morgen hier in Christiania zwei Demos ausrufen würde, was glaubst Du, welche die größeren Chancen hätte. Das eine Motto wäre »Wohlstand für alle« und das andere »Frieden für alle«.

Karsten: Die Wohlstands-Demonstration, die letztens war, die war eigentlich recht gut besucht.

Hamed: Ist es in Christiania heute friedlicher als in der Gesellschaft draußen? Und welche Botschaft habt Ihr 2010 für die Welt?

Karsten: *(überlegt)* Viele Botschaften kommen von hier wohl nicht mehr raus im Augenblick.

Hamed: Vielen Dank für das Gespräch, Karsten. Manche Leute nennen Euch Kollateralschaden des Kapitalismus, ich nenne Euch lieber Kollateralnutzen des Kapitalismus. Vielen Dank und auf Wiedersehen!

Henryk: Vielen Dank – und vielleicht doch auf eine drogenfreie Welt.

Karsten: Da glaube ich nicht dran. *(lacht)*

Henryk: Wir versuchen's.

Karsten: Aber nicht mit Strafe!

Henryk: Wilma! – Darüber müssen wir uns noch unterhalten.

Karsten: Mit Aufklärung!

Henryk: Komm, Wilma!

Hamed: Bitte setze sie nicht unter Druck, kein Zwang! Hunde an der Leine führen, ist hier verboten, das weißt Du doch.

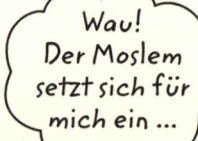

Wau!
Der Moslem
setzt sich für
mich ein …

Henryk, Hamed und Wilma fahren wieder weiter.

Henryk: Hamed, mal ganz ehrlich: Karsten war ja nett und freundlich – aber möchtest Du in Christiania leben?

Hamed: Ich glaub' schon – wenn das alles anders reguliert wäre und wenn die Drogensache nicht wäre. Ich finde, es ist eine Idylle.

Henryk: Es gibt irgendwo eine quantitative Grenze. Wenn die Menschen hier von Sozialhilfe leben, muss es natürlich welche geben, die die Sozialhilfe erarbeiten. Irgendwann kippt das, und dann ist es nicht mehr alternativ oder originell, dann ist es nur noch parasitär.

Hamed: Das Positive an Christiania ist, dass es mit tausend Leuten begann – und heute sind es nur noch 700. Wenn sie sich vermehren und daraus ein Getto machen, dann lehne ich das strikt ab. Aber solange das so überschaubar bleibt, finde ich es vollkommen okay. – Wieso müssen Menschen im 21. Jahrhundert auf der Höhe des 21. Jahrhunderts leben? Die Demokratie, solange sie die Oberhand hat, müsste sich eigentlich auch so eine Abweichung erlauben. Aber es darf natürlich nicht passieren, dass diese Leute die Demokratie unterwandern. Das ist so wie bei den Grünen: Ich wähle sie, solange sie unter elf Prozent sind, aber ab 15 Prozent, da krieg ich Panik.

Henryk: Ja, da ist was dran. Man braucht sie – aber wehe, sie wären die Mehrheit!

Wenn die Freiheit der Kunst aufhört, hört auch die Demokratie auf

Vor unserem Treffen mit dem dänischen Karikaturisten Kurt Westergaard, der Mohammed mit einer Bombe im Turban gezeichnet hat, gerate ich in einen Gewissenskonflikt. Einerseits will ich dem alten Mann meine Solidarität zeigen. Er hat ein Attentat überlebt und wird rund um die Uhr von der Polizei bewacht, nur weil er von seinem Recht auf Kunstfreiheit Gebrauch gemacht hat. Andererseits will ich ihm eine Botschaft meiner Mutter überbringen, die sich durch seine Karikatur verletzt fühlte. Es ist der falsche Zeitpunkt, um dem Mann Vorwürfe zu machen, aber es ist auch die einzige Gelegenheit, ihm die Stimme meiner Mutter nahe zu bringen. Eine ziemlich schwierige Aufgabe, aber ich werde schon einen Weg finden!

Henryk und Hamed im Auto.

Henryk: Hamed, wie hast Du damals auf die zwölf Mohammed-Karikaturen reagiert, die in der Zeitung »Jyllands-Posten« erschienen sind?

Hamed: Das war 2005, ich erinnere mich ganz genau. Ich habe mich furchtbar aufgeregt über die Karikaturen, ich hielt sie für eine reine Provokation. Mittlerweile rege ich mich mehr über die Aufregung der Muslime über die Karikaturen auf, denn mittlerweile verstehe ich auch, dass sie aus einem ganz anderen Kulturverständnis von Demokratie und Humor kommen. Muslime müssen lernen, damit umzugehen – das ist meine Haltung heute.

Henryk: Ich meine, man kann ja niemanden zum Mitlachen zwingen, nicht?

Hamed: Nein, man muss nicht mitlachen, aber ich halte es für richtig, dass nicht derjenige, der etwas zeichnet oder schreibt, sich überlegt, ob er jemanden verletzt, sondern dass die Betroffenen anders mit ihren Gefühlen umgehen. Ich halte die Karikaturen inzwischen sogar für eine Art Schocktherapie für Muslime, damit sie endlich aus diesem Beleidigtsein heraustreten können.

Henryk: Indem sie derartig hineingestoßen werden?

Hamed: Ja. Ich weiß natürlich, dass sie von Westergaard nicht als Therapie intendiert waren, aber man könnte das als kollateralen Nutzen der Karikaturen sehen.

Henryk: Das heißt, die Conclusio wäre nicht, mit solchen Karikaturen aufzuhören, sondern weiterzumachen.

Hamed: Ja. So provokant das klingen mag: Mehr davon – bis man endlich begriffen hat, worum es geht. Ich würde nicht sagen: noch mehr Karikaturen, ich würde sagen: weitermachen, keine Schere im Kopf haben und sich nicht denken: Verletze ich dabei womöglich jemanden? Denn wenn dieser Gedanke aufkommt, dann hört jede Form von Kreativität auf – und ich glaube, wenn die Freiheit der Kunst aufhört, hört auch die Demokratie auf.

Henryk: Mir waren immer Leute suspekt – Künstler, Journalisten, Schriftsteller –, die mit einem Ziel schreiben, die mir erzählen, was sie erreichen wollten. Die einen wollen die Lehrlinge ansprechen, die anderen die Hausfrauen, die dritten wollen Denkanstöße vermitteln. Mir war das immer suspekt. Ich glaube, du musst wirklich das machen, was dir gefällt. Vielleicht ist das in der Naturwisschaft anders, wahrscheinlich ist das auch bei den Geisteswissenschaftlern anders. Aber ich glaube, Künstler im weitesten Sinne, ob sie jetzt irgendwelche Holzfiguren schnitzen oder Bücher schreiben, müssen das eigentlich absichtslos tun. Sie müssen es tun, um sich selbst etwas zu erklären.

Henryk und Hamed treffen Kurt Westergaard im Haus seines Galeristen.

Kurt Westergaard: Guten Tag, herzlich willkommen in Dänemark.

Henryk: Vielen Dank, Kurt. Wir haben uns lange nicht gesehen. – Das ist mein Freund Hamed

Hamed: Nice to meet you.

Kurt Westergaard: Nice to meet you, too.

Henryk: Das ist unser Kurt-Mobil.

Kurt Westergaard: Ein schönes Auto!

Hamed: Wir haben es mitgebracht, damit Sie es für uns signieren können. Hier ist nämlich ein Porträt von Ihnen. Kennen Sie den Mann zufällig?

Kurt Westergaard: Ja, ich kenn' ihn, ich kenn' ihn. Ich glaube, dieser Kerl wird mich lebenslang verfolgen.

Henryk: Würdest Du es für uns signieren?

Kurt Westergaard: Ich soll wirklich das Auto signieren?

Hamed: Ja, das wäre sehr freundlich.

Kurt Westergaard: Gern!

Hamed: Wie geht es Ihnen gesundheitlich?

Kurt Westergaard: Es geht ganz gut. Ich lebe ein ganz gutes, normales Leben, mit meinen dänischen Bodyguards …

Hamed: Ich wüsste gerne, ob Sie genug Unterstützung von dänischen und europäischen Intellektuellen haben. Oder fühlen Sie sich im Stich gelassen?

Kurt Westergaard: Also ich fühle vielleicht, dass meine eigene Klasse, die so genannten Intellektuellen und Kreativen, mich ein bisschen im Stich lassen. Ich höre nicht viel von ihnen, obwohl sie ständig von Meinungsfreiheit reden. Aber the man in the street, der Mann auf der Straße – von ihm bekomme ich sehr viel Unterstützung, ganz spontan.

Henryk: Es hieß ja oft, Kurt Westergaard wollte doch nur provozieren. Das haben sehr viele Kollegen geschrieben.

Kurt Westergaard: Aber davon lebt ein Satiriker, er lebt von der Provokation. Kennt Ihr die alte Anekdote von Picasso? Während des Spanischen Bürgerkrieges hat Picasso das Gemälde »Guernica« gemacht, im Jahr 1937. Es war inspiriert von einem deutschen Bombenangriff auf eine baskische Kleinstadt namens Guernica. Und die Anekdote erzählt, dass Picasso 1940 von einem deutschen Luftwaffen-Offizier gefragt wurde: Haben Sie »Guernica« gemacht? Und Picasso antwortete: Nein, das haben Sie gemacht!

Hamed: Das ist genau die Geschichte mit der Bombe.

Kurt Westergaard: Ja!

Hamed: Ein muslimischer Freund sagte, er würde die Zeichnung hinnehmen, aber ohne die Bombe.

Kurt Westergaard: Ohne die Bombe ...

Hamed: Und ich habe ihm gesagt, wir Muslime haben es selbst in der Hand, wir können die Bombe auch selber entfernen.

Kurt Westergaard: Ja.

Henryk: Gab es irgendwann in den letzten fünf Jahren einen Moment, an dem Du gedacht hast: Hätte ich die Karikatur doch besser nicht gezeichnet, dann wäre mein Leben jetzt einfacher?

Kurt Westergaard: Nein, so ein Gedanke kam mir nie. Schließlich habe ich es ja gemacht!

Henryk: Kurt, es gab ja in arabischen Ländern wahnsinnig viel Gewalt um diese Zeichnung, und es sind viele Leute gestorben.

Kurt Westergaard: Ja, aber ich glaube, dass ich oder meine Zeitung dafür nicht verantwortlich sind. Die Menschen in diesen Ländern sind sehr frustriert wegen der schlechten Bedingungen, unter denen sie leben. Und deshalb haben diese Regime all diese Demonstrationen inszeniert, damit die Bevölkerung ihre Aggressionen entladen kann.

Hamed: Das ist richtig. Ich habe im Fernsehen sehr oft gesehen, dass massenhaft dänische Flaggen verbrannt wurden, und ich habe mich gefragt, woher die alle auf einmal kommen. – Darf ich Ihnen noch eine Frage stellen?

Kurt Westergaard: Ja.

Hamed: Meine Mutter ist eine ganz normale gläubige Muslimin. Sie hat niemals die dänische Flagge verbrannt, sie war auch nicht wütend, sie ging nicht auf die Straße, sie hat sich Ihre Mohammed-Karikatur einfach nur angeschaut und war traurig. – Was können Sie meiner Mutter, sie hat mittlerweile auch Enkel wie Sie, was können Sie ihr von Großvater zu Großmutter sagen?

Kurt Westergaard: Also erstens, ich habe kein Problem mit den normalen und demokratisch eingestellten Moslems. Ich bin kein Rassist, ich bin nicht xenophob, ich lebe in einer multiethnischen Familie, in der es Protestanten, Katholiken, sogar mit muslimischem Hintergrund, gibt. Ich habe kein Problem mit Religionen. Ich möchte in Frieden mit allen Menschen leben, aber mit Terroristen ist das nicht möglich.

Henryk: Kurt, bist Du eigentlich Pazifist?

Kurt Westergaard: Ja, ich glaube schon, aber wenn ich bedroht werde, dann werde ich militant.

Hamed: Kam eigentlich irgendein Moslem Sie besuchen, der gesagt hat, dass er Ihre Arbeit wichtig findet? Ist das passiert?

Kurt Westergaard: Nein.

Hamed: Dann bin ich der Erste.

Kurt Westergaard: Ja. Danke schön! Ich will zum Schluss noch Tucholsky zitieren. Er hat gesagt: Humor ist, wenn man trotzdem lacht.

Henryk: Und er hat auch noch einen anderen klugen Satz gesagt: Was darf die Satire? Alles.

Im Auto.

Henryk: Hamed, ich glaube, Du warst doch nicht der erste Moslem, der Kurt Westergaard besucht hat.

Hamed: Ja, aber ich war der Erste, der seinen Besuch angekündigt hat! Der andere kam mit der Axt und wollte den armen Mann gleich umbringen.

Henryk: Das war ein Überraschungsgast. Auf Dich hat er auch positiver reagiert, vor dem anderen hat er sich in seinem Sicherheitsraum versteckt.

Hamed: Aber es ist erstaunlich, wie ein Fünfundsiebzigjähriger so etwas verkraftet, er war super gut drauf.

Henryk: Ja, ganz erstaunlich. Es scheint seiner Lebensfreude keinen Abbruch getan zu haben. Das sind eben die Wikinger. Vielleicht wird man so, wenn man immer kämpft. Das Erstaunliche ist: Kurt Westergaard ist ja der einzige der zwölf Karikaturisten, der sich geoutet hat – die anderen haben bis heute »no profile«, man kennt zwar ihre Namen, aber sie sind alle in Deckung, die haben sich nicht mehr dazu geäußert. Die wollten nur noch ihre Ruhe haben. Er nicht. Ein ausgesprochen sympathischer Mann.

Hamed: Ja, finde ich auch.

Henryk: Das Einzige, was ich nicht verstehe, ist: Warum muss er immer rote Hosen tragen?

Warum muss er immer etwas auszusetzen haben ...?

Friedensbananen für alle!

Berlin, Straße des 17. Juni

Henryk: Jetzt gehen wir zu einem Friedenslauf, und diesmal sind es Kinder, die laufen.

Hamed: Aber Dein Hund hat scheinbar keine Lust darauf.

Henryk: Nein, Wilma macht das irgendwie keinen Spaß.

Ansagerin: Diese Veranstaltung heute ist eine friedliche Veranstaltung per se, durch und durch, mit allen Kulturen, mit allen Nationen. Wir wollen jetzt diese weißen Tauben fliegen lassen, und ich möchte, dass wir alle einen ganz kleinen Moment ruhig werden. Wir lassen diese Tauben fliegen für die Kinder und für den Frieden in der Welt. Wünscht Euch was von Herzen und lasst die Tauben fliegen. Wir schauen alle in den gleichen Himmel.

❧

Broder, wo ist dieser Broder? Jetzt hat er das Beste verpasst.

Henryk: Hab' ich was verpasst?

Hamed: Ja! Wo warst Du?

Henryk: Wilma musste mal, und ich musste etwas für ihren inneren Frieden tun.

Hamed: Du hast alles verpasst, es gab jetzt einen Wettlauf für die Kinder. Die haben die Tauben frei gelassen, und es gab ›Friedens-Bananen‹ für alle.

Henryk: Gibt's noch mehr Bananen?

Hamed: Es gibt noch jede Menge, und Bionade gibt's auch.

Henryk: Dann hab ich ja nix verpasst. Bionade für den Frieden? Schalom, Schalom.

Hamed: Salam, Salam.

Henryk: Es lag wirklich an Wilma, die zog dermaßen, und sie hatte ein Bedürfnis. Und Du weißt, wie sehr ich Tiere mag.

Hamed: Du magst Tiere und hasst Menschen.

Henryk: Nein …

Hamed: Das ist Dein Markenzeichen.

Henryk: So weit würde ich nicht gehen, aber kennst Du diesen wunderbaren Satz von Franz von Assisi: »Dass mir der Hund viel lieber sei, sagst du, oh Mensch, sei Sünde. Der Hund blieb mir im Sturme treu, der Mensch nicht mal im Winde.«

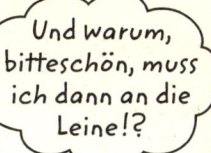

Und warum, bitteschön, muss ich dann an die Leine!?

Hamed: Alles klar.

Henryk: Ist das, was die hier machen, schon Kindesmissbrauch?

Hamed: Nein.

Henryk: Trotzdem, ich hab immer ein großes Unbehagen, wenn Kinder schon in diesem Alter indoktriniert werden.

Hamed: Ich kann davon ein Lied singen.

Henryk: Ist Dir das auch passiert?

Hamed: Natürlich.

Henryk: Ja, aber Du warst Islamist.

Hamed: Das habe ich gar nicht gemeint, sondern mir wurden grausame Märchen erzählt. Von der Frau mit dem eisigen Busen, die ihre eigenen Kinder verschlingt, und so weiter. Unfassbar. *(kurze Pause)* Aber was ist eigentlich so schlimm daran, dass Kinder für den Frieden laufen? Das ist doch süß, oder?

Henryk: Schon, aber du kannst umso besser für den Frieden laufen, je weniger Krieg ist, findest Du nicht? Das ist so. Die könnten jetzt zum Beispiel auch dafür laufen, dass der Rhein bergauf fließt. Es ist wie mit der deutschen Antifa, die ja umso erfolgreicher ist, je weniger Fa es gibt.

Hamed: Ja, aber zum Beispiel gibt es hier ein Plakat über fairen Handel mit Bananen. Dagegen kannst Du aber nicht sein, oder?

Henryk: Nein, dagegen kann ich natürlich nicht sein. Im Übrigen bin ich vollkommen dafür, dass wir für unsere Hemden 40 Euro bezahlen, damit die Baumwollpflücker davon gut leben können. Dagegen hätten vermutlich die meisten Leute schon etwas einzuwenden. Weißt Du, in einem

Schneller, schneller! Vorne gibt es Spielzeugpistolen.

Land, wo die Parole »Geiz ist geil« sich dermaßen flächendeckend durchgesetzt hat, klingt »Fairer Handel« ein bisschen anrüchig.

Hamed: Sag' ich doch, dass unser Lebensstil nicht unbedingt zum Frieden beiträgt.

Henryk: Bestimmt nicht.

Hamed: Ich meine, hier in Deutschland.

Henryk: Bestimmt nicht.

Hamed: Und im ganzen Westen.

Henryk: Und deswegen muss ab und zu für den Frieden gelaufen werden, verstehst Du. Die tragen alle Schuhe von Nike und Puma, die in Korea und China hergestellt werden, aber sie laufen für den Frieden. Aber was mir an Berliner Veranstaltungen immer so gefällt, ist diese hübsche Altmüll-Kulisse, die davon übrig bleibt.

Hamed: Hm.

Also, Hamed, was lernen wir daraus?

Dass die Welt jetzt ein Stück friedlicher, aber dafür Berlin ein Stück dreckiger geworden ist.

Henryk: Und weißt Du, was Thomas Mann gesagt hat?
Hamed: Was?
Henryk: Der Pazifismus ist die Torheit des 20. Jahrhunderts.
Hamed: Ah.

🐾

Auch Paranoiker haben Feinde

Auf der Zugspitze

Henryk und Hamed im Auto.

Henryk: Mich nerven diese Friedens-Fuzzis einfach: Du kannst ja keine zwei Kilometer durchs Land fahren, ohne auf eine Friedensdemo zu stoßen! Manchmal habe ich das Gefühl, die Leute haben einfach zu viel Zeit, weil sie immer demonstrieren müssen.

Hamed: Ja, sogar auf der Zugspitze habe ich neulich Demonstranten getroffen.

Henryk: Wo? Hab' ich richtig gehört? Wo warst Du?

Hamed: Auf der Zugspitze!

Henryk: Oben?

Hamed: Oben, ja.

Henryk: Viertausend Meter?

Hamed: Fast Dreitausend. – Du weißt, meine Frau kommt aus Japan, und ich wollte ihr mal die Alpen zeigen, und deshalb habe ich mit ihr einen Ausflug zur Zugspitze gemacht – und plötzlich kamen dann diese Friedensdemonstranten mit einer Fahne ... Stell Dir vor, die sind angeblich aus Sylt auf die Zugspitze gekommen, zu Fuß und mit Fahrrädern. Und sie wollen anschließend die Fahne nach Hiroshima bringen.

Henryk: Von der Zugspitze ...

Hamed: Von der Zugspitze!

Henryk: Nach Hiroshima ...

Hamed: Nach Hiroshima!

Henryk: Zu Fuß ...

Hamed: Sie haben mir gesagt, das ist technisch nicht machbar.

Die Fahne wird von einer Gewerkschaftsjugend-sekretärin jetzt nach Hiroshima geflogen, und dort werden die Deutschen den Japanern gegenübertreten. Wir haben ein bisschen dazu beigetragen, dass sich Hiroshima niemals wiederholt. Das ist unsere Aktion.

Und jetzt wollen wir noch mal auf den Gipfel.

Sie müssen mit den Schuhen aufpassen. Wollen Sie wirklich mit?

Also ich probier's mal. Meine Schuhe sind leider nicht besonders geeignet.

Wenn sie nicht rutschig sind, geht's. Sie müssen dieses Stück überwinden, sonst ist Ihre Frau Sie los!

Ich habe schließlich in meinem Leben noch nie etwas für den Frieden getan, und das ist nun eine sehr gute Gelegenheit.

Okay, dann gehen Sie mir nach. – Ganz langsam laufen! Ganz kurze Schritte machen!

135

Hamed: Das war mein Friedensausflug zur Zugspitze.

Henryk: Der Weg zur Hölle ist mit guten Absichten gepflastert.

Hamed: Ständig musst Du Motive infrage stellen, das ist offenbar Deine eigentliche Natur! Die Aktion war an sich sehr neutral und extrem harmlos. Man könnte es ja einfach mal so stehen lassen, oder?

Henryk: Hamed, das hat meine Generation so gelernt: Alles hinterfragen – auch die besten Absichten.

Hamed: Weil Du paranoid bist!

Henryk: Ich bin mit Sicherheit paranoid, aber weißt Du was? Auch Paranoiker haben Feinde! Es ist schon passiert, dass einer paranoid war und trotzdem waren sie hinter ihm her. Das schließt sich ja nicht aus.

Hamed: Ist das der Sonderweg der Juden oder der Weg von uns allen?

Henryk: Ich glaube, bei Juden ist das besonders stark entwickelt. Du wachst morgens auf und denkst: Heute könnte es ein Pogrom geben. Das ist bei Juden eingebaut, ganz im Ernst.

Hamed: Kann man von einer jüdischen Paranoia sprechen?

Henryk: Ja. Aus guten Gründen.

🐾

Arbeit macht frei!

Über die Integration der toten Juden

Henryk und Hamed unterwegs im Auto nach Dachau.

Hamed: Wie ist das eigentlich mit den Juden in Deutschland, sind die gut integriert?
Henryk: Ich glaub schon ... Warte, ich zeig es Dir gleich.

Auf dem Gelände des ehemaligen Konzentrationslagers Dachau.

Hamed: Muss der Hund jetzt wirklich auch noch hierher mitkommen? Ich finde das unpassend.

Henryk: Ich wollte ihn nicht im Auto lassen, der könnte ja depressiv werden. Ich hab nachgefragt, und sie haben es erlaubt, er darf nur nicht in die Nähe des Krematoriums. Vermutlich ist das dem Hund auch ganz recht.

Hamed: Sag mal, Henryk, Deine Mutter war auch im Lager, oder?

Henryk: Ja. – Also, Hamed, das hier ist die Antwort auf Deine Frage, wie die Juden in Deutschland integriert sind: Die toten Juden sind prima integriert. Bei den Lebenden, da kann es noch ein bisschen hapern.

Hamed: Und woran hapert es bei den lebenden Juden? Wo ist das Problem?

Henryk: Na ja, dass sie halt noch leben und Krawall machen und stören und erinnern. Und weißt Du, man kann schlecht an einem Juden, der noch lebt, einen Kranz niederlegen, das würde irgendwie blöde aussehen.

Voll geschmacklos!

Hamed: Aber was ist schlimm daran, sich daran zu erinnern?

Henryk: Eigentlich gar nichts, aber wenn ich mir so einen Ort wie diesen anschaue, dann denke ich, wenigstens jetzt sollte man ihn wegbomben, wenn das schon damals nicht gemacht wurde. Denn es ist makaber. Ich bestreite ja nicht, dass es einem einen emotionalen Schock versetzen oder etwas zeigen kann, aber am Ende ist es eine gruselige Sensation.

Hamed: Ich bin da anderer Meinung, ich halte es nach wie vor für wichtig, einen solchen Ort zu besuchen.

Henryk: Ja?

Hamed: Pädagogisch gesehen: Ja.

Henryk: Ich habe ja auch ein Problem mit der Pädagogik, hab ich schon immer gehabt, aber wahrscheinlich hast Du recht.

Hamed: Und jetzt erzähl mir bitte nicht, dass Du Hunger hast!

Henryk: Also mir ist der Appetit in der Tat ein bisschen vergangen, aber langsam kommt er wieder.

Hamed: Willst Du jetzt wirklich etwas essen?

Henryk: Ja. Ab in die Kantine!

Hamed: Na gut.

Henryk: Wie findest Du übrigens die Parole »Arbeit macht frei«?

Hamed: *(denkt nach)* Arbeit macht frei ... Arbeit macht frei ...

Henryk: Ich bin nämlich der Meinung, dass das gar kein schlechtes Zitat wäre, wenn die Nazis es nicht benutzt hätten. Genauso wie »Jedem das Seine« – »suum cuique«, alter lateinischer Spruch. Das sind eigentlich alles kluge Sätze, die von den Nazis dermaßen in die Tonne getreten wurden, dass man sie heute gar nicht mehr verwenden kann.

Hamed: Also ich persönlich finde, wenn man gar nicht arbeiten muss, das ist die richtige Freiheit.

Henryk: Da bricht eben wieder der Orientale in Dir durch. Nein, ich finde Arbeit macht tatsächlich frei, weil sie einen unabhängig macht.

In der Besucher-Cafeteria Dachau.

Henryk: Die Speisekarte ist doch ganz ordentlich, fehlt eigentlich nur noch ein Sushi-Gericht.

Hamed: Apropos Sushi – Ich erzähle Dir, wie Integration funktionieren kann, ich hab's von einer Japanerin, die in

Rosenheim lebt. Es ist ganz einfach: Die Mehrheitsgesellschaft ist ein Glas Wasser, und die Immigranten sind Eiswürfel. Eigentlich ist man aus dem gleichen Stoff gemacht, manche davon haben überhaupt kein Problem damit, Teil des Ganzen zu werden. Manche Immigranten, ganz besonders meine Lieblings-Immigranten, bestehen darauf, die Form des Eiswürfels beizubehalten, und nennen das Identität. Sie investieren unglaublich viel Energie im Gefrierfach, damit es so bleibt, wie es ist. Es gibt zwei Prinzipien des Lebens: Vielfalt und Flexibilität, und wer dagegen verstößt, stirbt aus.

Henryk: Wunderbares Beispiel, darf ich es klauen?

Hamed: Jederzeit.

Henryk: Also, dass Du Dich nicht wunderst: Ab morgen ist es von mir.

Hamed: Kein Problem.

Beim Verlassen des Geländes.

Hamed: Das war heftig, wirklich.
Henryk: Du hast recht, das war nicht leicht. Ich fand das richtig schwer, ich glaub, ich hab wieder zu viel gegessen. Das darf nie wieder geschehen!
Hamed: Mein Gott, Broder ...
Henryk: Was ist denn? Die besten Filme über das Dritte Reich waren doch auch Komödien.
Hamed: Ich weiß.

Später im Auto, vor einem Bahnübergang.

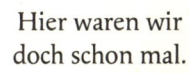

Hier waren wir doch schon mal.

Das sagen Juden immer, wenn sie Gleise sehen.

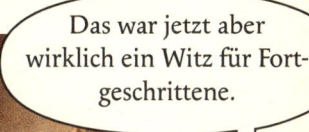

Das war jetzt aber wirklich ein Witz für Fortgeschrittene.

Aua, tut der weh!

Nur der Obatzde war eine Enttäuschung

Mai-Ausflug nach Penzberg

Henryk und Hamed im Auto.

Henryk: Du weißt, wo wir hinfahren?
Hamed: Keine Ahnung.
Henryk: Wir fahren nach Penzberg.
Hamed: Aha.
Henryk: Und ich habe über Penzberg etwas bei Wikipedia gefunden: Es gibt dort eine islamische Gemeinde, die als besonders aufgeschlossen und dialogbereit gilt. Daher wird sie gerne als Vorzeige-Gemeinde in Sachen Integration tituliert.
Hamed: *(denkt nach)* Ich finde, die Symbole hier im Auto sind ungerecht verteilt, findest Du nicht?

Henryk: Wieso? Zu viel italienisches Zeug, wie diese Gondel?

Hamed: Nein, es gibt zu viel jüdisches Zeug – verglichen mit den islamischen Symbolen viel zu viel Jüdisches. Hier der Davidstern, dort die Menora. Und Jesus.

Henryk: Ja, vor allem Jesus!

Hamed: Und die Busen.

Henryk: Ja, die Busen.

Hamed: Das sind lauter jüdische Begrifflichkeiten und Erfindungen.

Henryk: Wir haben sogar das Christentum erfunden!

Hamed: Richtig.

Henryk: Den Marxismus.

Hamed: Richtig.

Henryk: Die Psychoanalyse.

Hamed: Den Kapitalismus.

Henryk: Den Kapitalismus und die freie Liebe.

Hamed: Richtig.

Henryk: Und die Sexualforschung.

Hamed: Die Sexualforschung auch.

Henryk: Eigentlich war das das Beste am Judentum: die Sexualforschung.

Hamed: Ja.

Henryk und Hamed sind in Penzberg angekommen und fahren im Auto um die Moschee herum: Später stehen sie mit dem Kamerateam vor der Moschee und wollen Außenbilder von dem architektonisch schönen Gebäude machen. Henryk ist besonders vom Konzept des Minaretts begeistert, denn der Gebetsruf hallt nicht vom Turm der Moschee, sondern ist als Kalligramm eingemeißelt. Plötzlich taucht ein junger Moscheefunktionär auf und brüllt sie an: Sie sollen die Kameras ausschalten und sofort verschwinden. Er hält die beiden für Blogger aus der rechten Szene, die andauernd negativ über die Moschee berichten.

Aus Hameds Tagebuch

Wir sagten ihm, dass wir eine Serie für die ARD drehen. Abgesehen davon, durfte er uns gar nicht aufhalten, weil wir nur von der Straße aus drehen wollten und nicht in der Moschee selbst. Er war uneinsichtig, und die Situation drohte zu eskalieren. Schließlich rief er die Polizei, die in Windeseile vor Ort war und die Sache regelte. Der junge Mann verschwand wieder in der Moschee. Als wir mit dem Drehen fertig waren, kam er zurück und lud uns zu einem Glas Tee ein.

Henryk und ich nahmen das freundliche Angebot an. Wir waren beeindruckt vom Eingang des Gebäudes, das hell, transparent und schnörkellos ist. Im Gesellschaftsraum stehen zwei Fernseher. Hier wurden vor Kurzem die Spiele der Fußball-WM gezeigt: auf dem einen in Deutsch, auf dem anderen in Türkisch. Der Sekretär der Moschee, der sein Brot als Schlosser verdient, beklagte sich über die kritische Berichterstattung vieler deutscher Medien, obwohl die Moschee seit ihrer Eröffnung für jeden zugänglich sei. Auch der Bürgermeister von Penzberg lobe die Bemühungen der moslemischen Gemeinde um Integration. Nur der bayerische Verfassungsschutz ist anderer Meinung und wirft dem Imam der Moschee vor, Verbindungen zur radikalen Milli-Görüs-Organisation und anderen Islamisten zu haben.

Nun saßen also Henryk und ich in der modern gestalteten Moschee und konnten nicht beurteilen, welche Seite Recht hat. Wir wussten es nicht, denn uns lagen keine Beweise vor, weder für die eine noch die andere Seite. Mein Bauchgefühl sagte mir: Der Imam dieser Moschee vertritt in der Tat einen liberalen

Islam und bemüht sich um Öffnung und Transparenz; doch er könnte auch in die Machenschaften von Islamisten geraten sein, die ihm Hilfe bei der Finanzierung seiner Gemeinde versprochen haben und von denen er sich nicht mehr lösen kann: In Deutschland ist kaum eine Moschee ohne großzügige Spenden aus dem In- oder Ausland überlebensfähig. Und die Fäden in diesem Spendensammelgeschäft ziehen meistens die Islamisten oder Islam-Funktionäre, mit denen Henryk und ich nur ungern Tee trinken würden.

Man könnte diese Moschee als Beispiel für gelungene Integration oder asymmetrisches Zusammenleben sehen. Das ändert aber nichts an der Tatsache, dass Integration weder mit Moscheebau noch mit Minarettverbot zu tun hat. Integration bedeutet Teilhabe an Bildung und Wohlstand des Landes. Schluss. Feierabend. Khalas!

Henryks Bauchgefühl sagte ihm, dass er dringend einen Döner brauchte. Wir verabschiedeten uns und gingen. »Kommen Sie bald wieder!«, sagte der Sekretär. »Sie können filmen und fotografieren, so viel Sie wollen.«

Aber jetzt mal der Reihe nach und im O-Ton:

Henryk: Schau, ich glaube, das hier ist die Moschee, von der alle sagen, dass sie so schön und so offen und so modern und so transparent ist. Sie sieht wirklich gut aus. Hältst Du mal kurz an? Ist doch nicht schlecht, so auf den ersten Blick … Allein das große Fenster …

Hamed: Könnte eine evangelische Kirche oder die Garage eines reichen Russen sein!

Henryk: *(lacht)* Komm, sie sieht wirklich gut aus!

Hamed: Schon gut, das habe ich doch positiv gemeint!

Henryk: Sie passt hier her, ist nicht so ein Kitschbau, sondern gute Architektur. Kein Spukschloss aus Riad.

Hamed: Ich bleibe trotzdem bei meiner Meinung, dass Integration nicht über den Bau von Moscheen, sondern über Teilhabe an Bildung und Wohlstand erfolgt.

Henryk: Ja, das ist stimmt. Aber wenn schon eine Moschee, gerade auf dem Land, dann ist das hier doch richtig gelungen.

Hamed: Da hast Du natürlich recht.

Henryk: Und jetzt wollen wir mal hören, was die Einheimischen dazu sagen.

Hamed: Alles klar.

🐾

Es ist der 1. Mai. Henryk und Hamed schauen den Penzbergern beim Maibaumaufstellen zu.

Henryk: Schau mal, was die hier alles anhaben!

Hamed: Ja, wir sind halt in Bayern.

Henryk: Was mir an den bayerischen Trachten gut gefällt, sind die Dekolletés.

Hamed: Ich sag dazu gar nichts, Du kriegst mich nicht dazu, über Sex zu reden.

Henryk: Du willst doch nicht behaupten, dass Sex in Eurer Kultur irrelevant ist?

Hamed: Er spielt eine Rolle, aber man redet halt nicht darüber, man genießt und schweigt.

Henryk: Und bei uns ist es, glaube ich, umgekehrt: Wir reden darüber und wir tun es nicht.

Hamed: Ist ja toll!

Henryk: Da schau her, was die Eingeborenen hier machen.

Hamed: Um Gottes willen, was tun die da?

Henryk: Ich glaube, das ist wie Tauziehen, die müssen alle gemeinsam an der Strippe ziehen, um den Maibaum aufzustellen.

Hamed: Aha.

Henryk: Der Maibaum wird aufgerichtet. Wir sagen jetzt nichts über diese Symbolik, oder?

Hamed: Nein.

Henryk: Wir kommentieren überhaupt nicht die Symbolik des Maibaumaufrichtens, an dem praktisch nur Männer beteiligt sind, nicht wahr?

Hamed: Hast Du etwa ein Problem mit dem Aufrichten?

Henryk: Nein, ich würde aber sagen, dass ich eine erhöhte Sensibilität für gewisse symbolische Akte habe.

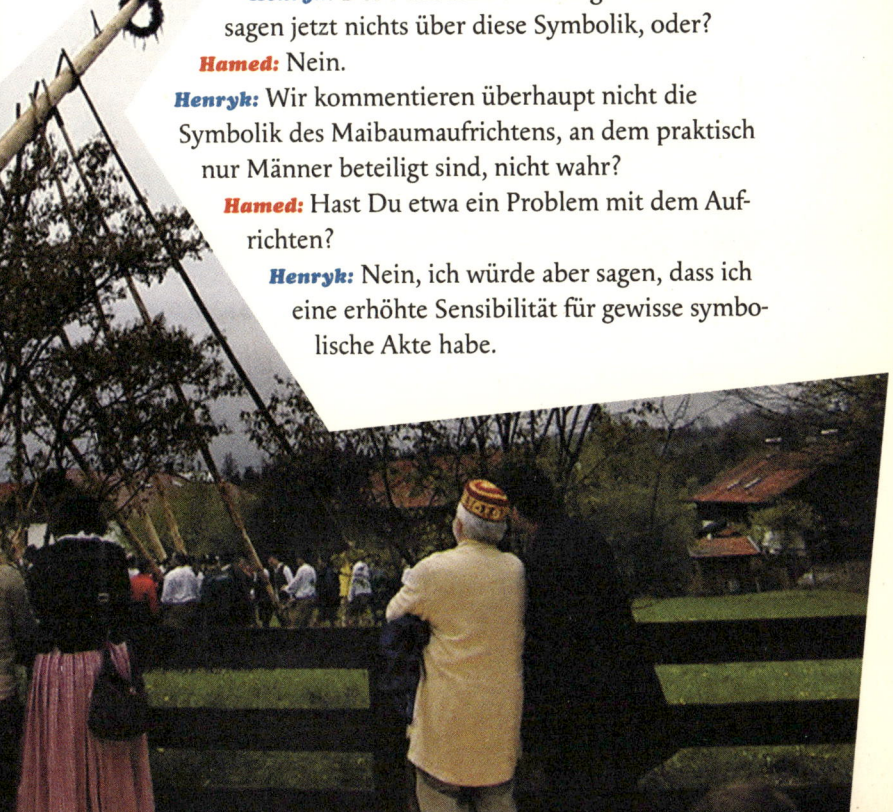

Hamed: Aha.

Henryk: Das kommt mit dem Alter. Aber was die hier machen, habe ich noch nie gesehen.

Hamed: Ich auch nicht.

Henryk: Ich habe schon mal eine Witwenverbrennung in Indien gesehen, aber so was noch nie, das ist ja noch viel besser.

Hamed: Und ich war einmal bei einer Steinigung, das war auch nicht halb so lustig.

Henryk: Das kann man überhaupt nicht vergleichen. Bei der Witwenverbrennung war es natürlich so, dass die Witwe einverstanden war.

Hamed: Klar.

Henryk: Schon ein ganz eigener Stamm, die Bayern, oder? Ich lebe jetzt über 50 Jahre in Deutschland und hab' so was noch nie gesehen.

Hamed: Kein Mensch versteht, was die hier eigentlich machen und wie das Ganze funktioniert ...

Henryk: Nein, und man kann es auch nicht erklären, es funktioniert so zusagen osmotisch, irgendwie wissen alle automatisch, was sie zu tun haben, ohne dass es ihnen jemals gesagt wird.

Hamed: Wie bei den Bienen.

Henryk: Wie bei den Bienen oder den Ameisen.

Hamed: Oder bei den Juden?

Henryk: Ja, aber ich hoffe, das war nun kein menschenverachtender und antisemitischer Vergleich.

Hamed: Natürlich musstest Du auch diese Karte endlich einmal ziehen.

Henryk: Pass auf, jetzt passiert dort etwas, jetzt gibt es wieder kollektive Anstrengung.

Hamed: *(zu einem Mädchen)* Was ist das denn für Kuchen?

Mädchen: Hm?

Hamed: Wo kann man den Kuchen kaufen?

Mädchen: Da vorne.

Hamed: Henryk, willst Du denn nichts essen?

Henryk: Doch, aber ich fang nicht mit Kuchen an.

Hamed: Du fängst nicht mit Kuchen an ...?

Henryk: Ich brauch' unbedingt zuerst meine Weißwürste.

Hamed: Wieso isst Du eigentlich Weißwürste, ich dachte, Juden essen auch kein Schweinefleisch?

Henryk: Nein, Juden essen kein Schweinefleisch, aber ich muss dafür sorgen, dass der Messias nicht kommt, also esse ich Schweinefleisch.

Hamed: Ach so, und wenn alle Juden die Gebote halten würden …

Henryk: … käme der Messias sofort.

Hamed: Wie lange müssten sie das tun?

Henryk: Einen Samstag lang.

Hamed: Einen Samstag lang müssten alle Juden alle Gebote einhalten?

Henryk: Ja, und dann käme der Messias.

Hamed: Katastrophe?

Henryk: Katastrophe!

Hamed: Weltuntergang?

Henryk: Weltuntergang!

Hamed: Und das wollen wir nicht, oder?

Henryk: Nein! Und *ich* muss das verhindern, verstehst Du? Die Zukunft der Welt liegt sozusagen auf *meinem* Teller.

Die beiden Jungs waren mir ja noch nie ganz koscher. Aber 'ne Weißwurst würde ich auch nehmen.

151

Henryk und Hamed treffen den Bürgermeister von Penzberg.

Bürgermeister: Ich bin der Bürgermeister, Grüß Gott, hallo!
Hamed: Grüß Gott, ich heiße Hamed Abdel-Samad.
Henryk: Wir wissen schon alles über Sie, auch das Schlimmste: Sie sind bei der SPD!
Bürgermeister: Ja genau, das ist das Schlimmste, in der heutigen Zeit darf man bei keiner Partei mehr sein, gell?
Henryk: Ich war überrascht, dass man in Bayern als SPD-Mann überhaupt Bürgermeister werden kann.
Bürgermeister: Ja. Also ich bin jetzt zum dritten Mal gewählt worden, mit einer sehr guten Stimmenzahl sogar. Da bin ich auch hoch zufrieden.
Hamed: Als aufrechter Moslem muss ich Ihnen jetzt eine Frage stellen: Warum sind hier beim Maibaumaufstellen nur Männer dabei? Warum werden die Frauen ausgeschlossen?
Bürgermeister: Ja, des ist halt Tradition, bayerische Tradition, ich sag' es auch immer wieder …

Henryk: Aber wenn das die Moslems machen würden, wäre es frauenfeindlich.

Hamed: Genau!

Bürgermeister: Ja. Früher war es sogar so, dass Frauen nur als Jungfrauen bestimmte Dinge tun durften, da herrschten in Bayern auch sehr strenge Regeln, muss man sagen.

Henryk: Sehen Sie!

Bürgermeister: Das hat sich aber inzwischen alles ein bisschen gelockert, und ich finde es auch ganz gut so.

Hamed: Wie sehen eigentlich Sie als Bürgermeister und wie sehen die deutschen Penzberger diese Moschee?

Bürgermeister: Als sehr offene Moschee, man kann rein schauen. Das ist nämlich das Wichtige.

Henryk: Ja, sie ist fast durchsichtig.

Bürgermeister: Es gibt also keine Grenze, sondern man kann reingehen, wie man auch in eine katholische Kirche gehen und sein Gebet verrichten kann, so ist es auch hier. Und das finde ich eigentlich sehr, sehr gut. Dass es ab und zu vielleicht noch Probleme gibt … Wenn mal wieder irgendetwas passiert in der Welt … dann tauchen da sicher auch irgendwie Ängste auf …

Henryk: Aber in Penzberg passiert nichts?

Bürgermeister: In Penzberg haben wir das eigentlich auf einen sehr guten Weg gebracht. Und viele von denen, die heute hier den Maibaum aufstellen oder in Lederhosen gekommen sind, stehen der Moschee auch sehr offen gegenüber. So ist es.

Henryk: Das hängt aber auch ein bisschen mit dem bayerischen Selbstbewusstsein zusammen?

Bürgermeister: Sicher. Es muss trotzdem jeder seine Kultur pflegen, und man verträgt sich, wenn man miteinander gut umgeht und wenn man auch, sagen wir mal, unsere Verfassung und unser Grundgesetz akzeptiert …

Henryk: Jeder muss also die Spielregeln einhalten?

Bürgermeister: Die Spielregeln einhalten, dann passt des. *(verabschiedet sich und geht)*

*Hamed dirigiert im Bierzelt
die Blaskapelle.*
Hamed: Das war eindeutig
der absolute Höhepunkt
meiner Migrantenkarriere.
Henryk: Bei mir auch.
Hamed: Super.
Henryk: Das war besser
als Ramadan und Jom Kippur zusammen genommen.
Du hast nur zu wenig gegessen.
Hamed: Nicht schon wieder!

Mann in Tracht: *(kommt auf Henryk und Hamed zu)* Sind Sie Deutscher?

Henryk: Ja.

Hamed: Natürlich.

Mann in Tracht: Ehrlich?

Henryk: Glauben Sie es nicht?

Mann in Tracht: Nein.

Henryk: Was ist ein Deutscher?

Mann in Tracht: Na, na, nicht böse gemeint. Entschuldigung.

Hamed: Warum meinen Sie, dass er kein Deutscher ist?

Mann in Tracht: Aussehen und Glaubensgemeinschaft.

Henryk: Wie muss ein Deutscher sein, damit er als Deutscher gilt?

> Wenn man Euer Outfit anschaut, dann kann des kein Deutscher sein. Und ich bin ein Deutscher, und ich werde immer zu Deutschland stehen. Und jemand, der wo dann bloß irgendwie aussieht wie ein Deutscher, ist noch lang kein Deutscher.

Hamed: Wissen Sie, Sie leben im 19. Jahrhundert. Deutschland im 21. Jahrhundert heißt, der ist ein Deutscher, der ist ein Deutscher und der ist ein Deutscher *(zeigt in die Runde)*.

Henryk: Also was ist ein Deutscher?

Mann in Tracht: Ehrlich?

Henryk: Ehrlich.

Mann in Tracht: Für mich seid Ihr, jetzt sag' ich es ganz offiziell …

Hamed: Das ist Ihr gutes Recht.

Mann in Tracht: … Ihr seid Schmarotzer, sonst gar nichts.

Henryk: Warum?

Mann in Tracht: Weil wir in Deutschland zu viel Leute wie Euch haben, die wo Geld bekommen, ohne dass sie was leisten. Wir müssen in die Arbeit gehen, Ihr seid nur Schmarotzer.

Hamed: Sie haben ein Weißbier zu viel getrunken, das ist alles.

Mann in Tracht: *(verwundert)* Ein Weißbier zu viel?

Hamed: Ja. Schönen Tag noch.

(Mann in Tracht geht wieder zurück ins Bierzelt)

Einige meiner besten Freunde sind Schäferhunde. Die würden sich nie so benehmen!

Henryk: Also ich glaube, der muss erst noch seinen Einbürgerungstest bestehen. Das schafft der nie!

Hamed: Glaube ich auch.

Henryk: Eigentlich müsste man ja froh sein, dass es so was noch gibt. Denn das zeigt einfach, wie sich das Land im Großen und Ganzen trotzdem verändert hat.

Hamed: Ja, wie weit die Gesellschaft sich eigentlich entwickelt hat.

Henryk: Man traut es sich ja gar nicht zuzugeben, aber dieses Bayern ist wirklich schön.

Hamed: Ja, und Bayern ist viel toleranter, als man denkt.

Henryk: Ich glaube, dass die Bayern, ganz im Gegensatz zu allen Vorurteilen, die wir über sie haben, sehr souverän sind. Heute würde man sagen, sie haben eine starke Identität. Es gibt einen Unterschied zwischen einer starken und einer starren Identität. Der Bambus ist stark, weil er so flexibel ist.

Hamed: Richtig.

Henryk: Als Pflanze. Nur der Obatzde war irgendwie eine Enttäuschung.

Henryk und Hamed laufen später durch den Ort.

Hamed: Weißt Du was? Das Thema Integration geht mir
so was von auf den Sack. Ich kann das Wort nicht mehr hören.
Ach, was soll's! Komm, Wilma, komm, Schatz.
Henryk: Wilma, geh' zu Hamed!
Hamed: Wilma, komm zu mir!
Henryk: Komm, Wilma, sei nicht so islamophob.
Hamed: Jetzt mag sie mich nicht mehr. Soll ich sie vielleicht
irgendwie locken?
Henryk: Ja. Lock' sie, verführ sie!
Hamed: Wilma, komm jetzt …
Henryk: Wilma denkt, es reicht, dass Du Dich integriert hast,
sie hat das nicht mehr nötig.
Hamed: Nein. Sie hat mich gemocht, als ich sie gehasst habe.
Jetzt, wo ich sie langsam mag, will sie mit mir nichts mehr zu
tun haben, das ist wahrscheinlich typisch jüdisch.
Henryk: Es ist typisch islamophob, und auf alle Fälle ist es
antizyklisches Verhalten.
Hamed: Komm, Wilma. Komm. Komm!
Henryk: Siehst Du, jetzt kommt sie ja. Das ist der Beginn einer
wunderbaren Freundschaft.

Bei uns nennt man das Ehe

Rund ums Kloster Ettal

Hamed: *(rümpft die Nase)* Sag mal Henryk,
ich finde, es stinkt furchtbar im Auto.
Henryk: Findest Du?
Hamed: Entweder es ist der Hund
oder Du bist es, was meinst Du?
Henryk: Es könnte auch etwas mit
der Umgebung zu tun haben.

Zieh' lieber mal
ein anderes Hemd
an!

Hamed: Wo sind wir überhaupt?

Henryk: Wir sind nicht mehr weit vom Kloster Ettal entfernt. Du weißt ja, was hier mal los war.

Hamed: Ja, aber komisch, hier schaut es gar nicht nach Missbrauch aus.

Henryk: Nein, sieht eigentlich ganz nett aus. Und an einem so idyllischen Ort ist die katholische Moral untergegangen.

Hamed: Jetzt übertreib' mal nicht so.

Henryk: Okay, sagen wir: Sie ist angeschlagen worden ... Aber man kann ausgezeichnet essen in Kloster Ettal. Ich weiß, Du sprichst ungern darüber.

Hamed: Oh, mein Gott, bitte nicht schon wieder essen!

Henryk: Es gibt wirklich guten Schweinebraten.

Hamed: Können wir vielleicht einmal über etwas anderes sprechen?

Henryk: Über Sex vielleicht?

Hamed: Sex, essen, Islam. Du bist besessen von diesen drei Dingen.

Henryk: Dann schlag mir eine Alternative vor. Wovon bist Du besessen?

Hamed: Ich bin von gar nichts besessen.

Henryk: Das gibt es nicht! Ein Moslem, der von nichts besessen ist, das gibt es gar nicht.– Aber fahr' mal bitte langsamer, Hamed, ich hab etwas Irres gesehen, etwas ganz Irres. Vielleicht kannst Du hier kurz anhalten.

Wenn ich das wirklich gesehen habe, was ich gesehen habe, dann ist das unglaublich. Siehst Du das dort drüben? *(deutet auf ein Schild)*. Das ist ein Warnzeichen, weißt Du, statt »Vorsicht Wildwechsel« soll das heißen »Vorsicht Pfarrer«. Nicht zu fassen! Aber andererseits ist es doch sehr fair vom Kloster, dass sie so was aufstellen, nicht? Mit so viel Transparenz hätte ich nicht gerechnet.

Hamed: Ja, es bewegt sich etwas in diesem Land, das sage ich doch die ganze Zeit. Achtung, da kommt jemand. Nichts wie weg! *(laufen schnell davon)*

🐾

Wieder im Auto.

Radler für den Frieden

*Henryk und Hamed auf Tretrollern unterwegs nach Verdun,
wo sie die Teilnehmer einer Radler-Friedensfahrt von Paris nach
Moskau treffen wollen.*

Henryk: Hamed, hast Du eine Ahnung, wo wir sind?
Hamed: Auf alle Fälle in Frankreich.
Henryk: Wann sind wir endlich da?
Hamed: Wir sind da, wenn wir da sind.
(fahren weiter)

Hamed: Du lieber Himmel, hoffentlich gibt es dort Schatten.

Henryk: *(sieht einen Wegweiser in Form eines Schweins):* Hoffentlich gibt's bald was zu essen!

Hamed: Das sagst Du immer, wenn Du ein Schwein siehst. *(sie halten an einer großen Rasenfläche an)*

Henryk: Kannst Du was sehen?

Hamed: Nee.

Henryk: Ja, wo sind die denn hin, die ganzen Friedensradler? Ich dachte, die sind schon hier. Die müssen irgendwo sein, warte mal. *(holt ein Fernglas aus seiner Tasche)*

Hamed: Vielleicht sind sie in Paris stecken geblieben. Keine Ahnung. Vielleicht verstecken sie sich auch nur vor Dir.

Henryk: Warum vor mir?

Hamed: Die mögen Dich nicht. Zu Recht.

Henryk: Hast Du denen was über mich erzählt?

Hamed: Nee.

Henryk: He, das geht ja andersrum! *(dreht das Fernglas um, Hamed lacht ihn aus)*

Henryk: Du, die sind nicht da. Kannst Du etwas sehen? *(gibt Hamed das Fernglas)*

Hamed: Ja!

Henryk: Was?

Hamed: Einen wunderbaren Schmetterling.

Henryk: Du bist ein Witzbold. *(kurze Pause)* Aber keine Friedensradler?

Hamed: Nee, keine Friedensradeler *(fahren weiter)*

Später in Verdun vor den Massengräbern.

Hamed: Na, Henryk. Ich schätze, Du hast in Deinem Leben noch nie so viele Gräber gesehen, oder?
Henryk: Nein. In der Tat nicht. Ich war mal in der Normandie, an einem der D-Days, da gibt es auch große Massengräber, aber das hier ist …
Hamed: Das sind alles Einzelpersonen, alles sind Einzelschicksale, die ihr Leben für den Krieg geopfert haben. Das war 1916, die Schlacht von Verdun. Dort sind eine Million Tote und Verletzte gewesen …
Henryk: Die Schlacht hat, glaube ich, zehn oder elf Monate gedauert.
Hamed: Genau. Und uns bleiben die Geschichte und die Erinnerung. Und wenn Deutsche und Franzosen nicht gemeinsam getrauert hätten und auch nicht diese Erinnerungskultur errichtet hätten, vielleicht wäre die Versöhnung niemals zustande gekommen. Von daher finde ich einen solchen Ort extrem wichtig. Ich weiß nicht, was Du dagegen hast.
Henryk: Ich habe im Prinzip nichts dagegen. Ich glaube nur nicht, dass diese Orte eine Bedeutung für die Zukunft haben. Wenn die Menschen aus dem Ersten Weltkrieg etwas gelernt hätten, hätte es keinen Zweiten Weltkrieg gegeben. Wenn sie aus dem Zweiten Weltkrieg etwas gelernt hätten, hätte es keinen Indochina-Krieg gegeben. Wenn sie aus dem Indochina-Krieg etwas gelernt hätten, dann würden sie nicht still herum sitzen, während in Darfur Tausende massakriert werden. Diese Orte sind rückwärts gewandt. Ich kann nur hoffen, dass die Menschen hier ein Gefühl für die Notwendigkeit des Friedens bekommen, aber sicher bin ich mir nicht.

Hamed: Aber zu sagen, dass es nichts bringt, halte ich auch für zu einfach. Ich glaube, es bringt einiges.

Henryk: Nein, das bringt schon etwas. Aber ich glaube, man soll nicht sagen: Es bringt etwas. Das ist einfach zu nutzdenkerisch. Ich glaube, man darf Leute, die gefallen sind, einfach nicht vergessen. Das ist Grund genug.

Hamed: Es hat aber auch eine Bedeutung.

Henryk: Für die Menschen, die gefallen sind, ermordet wurden, in KZs umgekommen sind, das ist schon richtig. Ich habe nichts gegen Symbole, aber es muss einem klar sein, dass es Symbole sind. Es gibt einen wunderbaren Aufsatz eines amerikanischen Journalisten, Thomas Friedman, glaube ich. Er hat darüber geschrieben, welchen Beitrag McDonalds zum Frieden geleistet hat. Und er behauptet, dass es noch nie Krieg zwischen zwei Ländern gegeben hat, in denen McDonalds vertreten war. Und ich glaube, er hat Recht.

(beide rollen weiter)

Hamed: Henryk, ich glaube, Deine Freunde sind da.

Henryk: Wo?

Hamed: Da, hier! Sie haben sich in Gruppen aufgeteilt.

Henryk: Wir überfallen die jetzt, wie Ziegen aus dem Busch.

Henryk und Hamed fahren mit ihren Tretrollern den Friedensradlern hinterher.

Henryk: Hamed, wir haben einen! *(versuchen einem Friedensradler zu folgen)* Sorry, everything for peace! Ah, der ist ja viel schneller als wir. Der macht das schon länger!

Henryk und Hamed schieben ihre Tretroller und sind leicht außer Atem. Sie konnten den Friedensradler nicht einholen.

Henryk: Wie bei der Schnitzeljagd der Jungpioniere in Cottbus! Ich habe zwei Radler gesehen, wie viele hast Du gesehen?

Hamed: Fünf.

Henryk: War nicht wirklich eine Massendemo, oder?

Hamed: Ich sag' Dir ja, die sind viel harmloser, als Du denkst!

Henryk: Vor allem sind die viel weniger, als ich denke!

Hamed: Ja. Deswegen verstehe ich nicht, wieso Du Dich immer so aufregst!

Henryk: *(mit lauter Stimme)* Reg' ich mich auf?

Hamed: Ja, das tust Du die ganze Zeit.

Henryk: *(noch lauter)* Ich hab' mich noch nie aufgeregt!

Hamed: *(ruhig)* Doch, das tust Du die ganze Zeit. Ich rege mich langsam über deine Aufregung auf.

(mittlerweile sind weit und breit keine Friedensradler mehr zu sehen)

Hamed: Du, ich glaube, die haben sich in Luft aufgelöst.

Henryk: Nee, ich glaube, wir haben sie in die Flucht geschlagen.

Hamed: Ja! *(beide klatschen sich gegenseitig in die Hände, fahren mit ihren Rollern weiter)*

Henryk: Vorsicht!

Hamed: Ich glaube, sie haben sich vor Dir im Wald versteckt.

Henryk: Ja, wie Hänsel und Gretel vor der bösen Großmutter oder dem bösen Wolf.

Hamed: Vor dem Wolf, ja.

Sie stoßen auf eine Gruppe von Friedensradlern, die sich auf einer Waldlichtung im Kreis aufgestellt haben. Es werden Ansprachen gegen Krieg und Gewalt auf Französisch und Englisch gehalten. Henryk legt sich derweil auf den Boden und schläft ein, Hamed bleibt stehen und hört zu.

167

Henryk: What the fuck is going on here?

Hamed: Henryk, Du hast das Beste verpasst!

Henryk: Ich musste schlafen. Ich hatte plötzlich eine Schlafattacke. Gibt es wenigstens etwas zu essen?

Hamed: Nein.

Henryk: So wird das nie etwas mit dem Frieden. Mir knurrt schon der Magen.

Hamed: Ich glaube, der Frieden ist gerade »Lost in Translation«! *(Henryk lacht)*

Henryk: Im Übrigen hast Du vollkommen Recht. Über diese Rentnertruppe muss man sich wirklich nicht aufregen.

Hamed: So haben wir uns früher als pubertierende junge Menschen in Ägypten in den Gräbern getroffen, weißt Du, um was zu machen …

Henryk: Echt? Zum Knutschen?

Hamed: Nein. Mein Anstand verbietet es mir, das zu erzählen. *(beide lachen)*

Hamed: Aber das hat auch etwas mit Frieden oder Befriedigung zu tun.

Henryk: Befriedung … Was für schicke Radlerhosen die Männer anhaben. Das gehört verboten!

Hamed: Kein Kommentar.

Henryk: Das gehört wirklich verboten. Männer haben keinen Geschmack! Von uns beiden abgesehen. Diese Radlerhosen! Aber es sind harmlose Leute, vollkommen okay.

Hamed: Ganz nette Leute, die tun keiner Fliege etwas zu Leide.

Hamed: *(zu einem Friedensradler)* Sie fahren durch Deutschland, Frankreich, Luxemburg, Polen, Weißrussland und Russland. Und wenn Sie durch Weißrussland fahren, machen Sie dann einen Stopp und demonstrieren dort gegen Menschenrechtsverletzungen?

Friedensradler: Nein, wir fahren immer für den Frieden. Unser Auftrag ist nur Frieden.

Hamed: Aber Menschenrechtsverletzungen sind auch gegen den Frieden!

Friedensradler: Menschenrechtsverletzungen können gegen den Frieden sein, das kann man durchaus so sehen.

Henryk: Kann es auch Menschenrechtsverletzungen im Dienste des Friedens geben?

Friedensradler: Das kann man sich vielleicht vorstellen, das weiß ich nicht. Da kann ich jetzt detailliert nichts dazu sagen.

Henryk: Also Weißrussland ist die letzte europäische Diktatur.

Friedensradler: Da kann ich auch sagen, Frankreich ist die letzte europäische Diktatur!

Henryk: Na ja, in Frankreich gibt es immerhin freie Wahlen. Das gibt es im Belarus nicht, aber Sie fahren da einfach so durch.

Friedensradler: Ich weiß nicht, ob es in Weißrussland freie Wahlen gibt oder nicht. Ich kenne mich da nicht aus, aber ich weiß, dass es Wahlen gibt. Ich weiß, dass man dort sogar Personen wählen kann, wir haben auch immer Oppositionelle aus Weißrussland mit dabei, nebenbei bemerkt.

Henryk: Wo leben die Oppositionellen?

Friedensradler: Wie heißt noch mal der Präsident?

Henryk: Lukaschenko. Der darf übrigens in kein europäisches Land einreisen.

Friedensradler: Ja, da kann er ja wohl nichts dafür.

Henryk: Aber es gibt Gründe.

Friedensradler: Jedenfalls sind wir mit unseren Transparenten und der Forderung: »Frieden auf dieser Welt und gegen Kriege!« dort jeden Abend in den Hauptnachrichten.

Henryk: In den Hauptnachrichten des weißrussischen Fernsehens?

Friedensradler: (*nickt*) Hauptnachrichten!

Henryk: So lange Sie dort keine Statements abgeben gegen die Regierung, die gerade an der Macht ist …

Friedensradler: Das kann sein, das weiß ich nicht. Da kann ich nichts dazu sagen.

Henryk: Aber es wäre doch einen Versuch wert!

Friedensradler: Haben Sie schon mal bei uns in den Hauptnachrichten ein oppositionelles Statement gehört?

Henryk: Ständig!

Friedensradler: Ständig? Ehrlich? Da kommen doch kaum die Linken.

Henryk: Haben Sie noch nie die CSU in der Tagesschau gehört, was die für eine Opposition bieten? Das ist doch die beste Opposition überhaupt.

(im Hintergrund wird »We shall overcome« angestimmt, der Friedensradler geht in den Kreis zurück, Henryk und Hamed gehen weiter)

Henryk: Das ist ja wirklich reizend, aber die reine DKP. Dat et so wat noch jibt.

Hamed: Ja, und? Stört uns nicht, oder?

Henryk: Nein, im Prinzip nicht. Das sind eben so Antiquitäten.

Hamed: Die fahren sieben Wochen weg, das tut der Republik ganz gut!

Henryk: Ja, das tut denen gut, das tut vor allem deren Frauen gut und das tut dem Land gut.

Aber was ich so irre fand: Du sagst, Weißrussland ist ein Scheißsystem – und er sagt: Ja, bei uns ist die Freiheit auch nicht so toll. Das ist so, als würdest du einen Knast in Kabul mit einem Knast in Kopenhagen vergleichen. Beides sind Knäste, aber wenn du es dir aussuchen könntest, würdest du wahrscheinlich lieber in Kopenhagen im Knast sitzen als in Kabul.

Ich war noch nie in Kabul, ich kann das nicht beurteilen.

Mit dieser Antwort könntest Du bei denen schon einen Aufnahmeantrag stellen. Ja, aber nett waren sie.

Ja, supernett. Fahren wir?

Burka-Verbot für Juden über 60

Oder: Ich bin ein Moslem, holt mich hier raus!

Ein bayerischer Polizeibeamter nannte das Oktoberfest einst »die Wiesn der verlorenen Menschenwürde«. Ich finde, dass er ein wenig übertreibt. Zumindest bis 20:00 Uhr nimmt Artikel 1 des Grundgesetzes auf der Wiesn kaum nachhaltigen Schaden. Und danach? Das wissen wir nicht genau. Henryk und ich mussten die Wiesn aus »religiösen Gründen« vor Sonnenuntergang verlassen. Bierleichen, randalierende Engländer und überschwemmte Pissoirs haben wir nicht gesehen.

Apropos »verlorene Menschenwürde«: Henryk kam auf die Wiesn in einer schwarzen Burka, ich in einer Lederhose und mit Filzhut. Er war über mein Outfit mehr überrascht als ich über seins.

»Wie schaust Du denn aus?«, sagte er und zeigte auf meinen Hut.

Er wusste ja, dass ich mich immer dagegen gewehrt hatte, das Bierfest zu besuchen, obwohl ich Münchener bin.

»Wenn schon Scheiße, dann mit Schwung!«, sagte ich.

Aber ein Araber in bayerischer Tracht scheint auf der Wiesn keine Sensation zu sein. Ich hätte auch nackt hingehen können, was keinerlei Aufsehen erregt hätte, denn die Aufmerksamkeit der Bierpilger galt allein dem älteren Herrn unter der Burka. Im Grunde waren die meisten Wiesngäste freundlich zu ihm, auch wenn alle über seine Motive rätselten. Und wie so oft bei Broder, weiß keiner so genau, was hinter seiner Verkleidung steckt, was er damit bezweckt. Er teilte den fragenden Passanten mit, dass seine Burka lediglich ein Versuch der kulturellen

Sensibilisierung und ein Aufruf zu mehr religiöser
Toleranz sei.

Diejenigen, die ihn aus Talkshows kannten oder auch
nur einen kleinen Text von Broder gelesen hatten, wussten
sofort, dass er dies nicht wirklich ernst meint. Dennoch
regten sich über die Burka-Aktion eigentlich nur wenige
auf. Die schwarze Verkleidung provozierte nur ein paar
deutsche Jüngerinnen Alice Schwarzers, die die Errungen-
schaft der sexuellen Revolution in Gefahr sahen, und ein
paar junge moslemische Männer, die sich durch Henryks
Tracht verarscht fühlten. Besonders eine Gruppe Jugendlicher mit Migrationsvordergrund diskutierte mit uns
eifrig über den Islam, den Koran und die Rolle der Frau in
der Gesellschaft. Die Burschen waren zu jung, um logische
Argumente zu bringen, und zu alt, um nicht ernst genommen
zu werden. Sie fragten mich, ob ich Moslem sei, was ich
mit »ja« beantwortete. Sie haben es mir nicht geglaubt,
weil ich nach dem »ja« nicht mit der rechten Hand auf
meine Brust geschlagen und »Allah sei Dank!« gesagt habe.
Außerdem hatte ich während des ganzen Gesprächs ein
Weißbier in der Hand, dem ich genussvoll zusprach. Die
Diskussion mäanderte von der Burka zum Alkohol, von der
Rolle der Frau zu deren Ehre und Keuschheit. Aber jetzt
der Reihe nach.

174

Henryk und Hamed stehen vor einem Getränkeausschank auf der Wiesn vulgo Oktoberfest.

Erster Jugendlicher: *(zu Hamed)* Ist das überhaupt 'ne Frau? *(deutet auf Henryk)* Was soll das, was macht Ihr da?

Hamed: Eine Reportage über religiöse Toleranz, eine Kampagne gegen die Burka und für ein friedliches Zusammenleben.

Erster Jugendlicher: Sicher? Darf ich auch eine Reportage machen? Darf ich mal fragen, was er macht?

Hamed *(zu Henryk)*: Schatz, der junge Mann hat eine Frage an Dich.

Henryk: Nur zu!

Erster Jugendlicher: Was machen Sie da? Was soll das sein, was Sie hier machen?

Henryk: Do you speak English?

Hamed: *(zu Henryk)* Nein, nein, mach Deutsch, mach Deutsch.

Henryk: *(zum Jugendlichen)* Wir machen eine Demonstration für religiöse Toleranz.

Erster Jugendlicher: *(leicht irritiert)* Gegen den Islam also?

Henryk: Nein – für die Burka!

Erster Jugendlicher: *(stark irritiert)* Für die Burka?

Zweiter Jugendlicher: *(zu seinem Freund)* Die wollen helfen!

Erster Jugendlicher: *(zu Henryk)* Sicher?

Henryk: Ja! *(zu den Jugendlichen)* Sind Sie Moslems?

Alle Jugendlichen: Ja. Gelobt sei Allah!

Henryk: Seid Ihr alle Moslems? – Aber schon in Deutschland geboren, oder?

Die Jugendlichen: Ja.

Henryk: Tragen Eure Mütter Burka?

Erster Jugendlicher: Burka nicht, Kopftuch.

Henryk: Kopftuch. Aber das Gesicht ist offen?

Erster Jugendlicher: Gesicht ist offen, ja.

Henryk: Habt Ihr Schwestern?

Erster Jugendlicher: Ich hab zwei Brüder.

Dritter Jugendlicher: Ja, ich hab Schwestern.

Henryk: Und wo sind die jetzt – Zuhause?

Erster Jugendlicher: Ja.

Henryk: Warum sind sie nicht hier?

Erster Jugendlicher: Weil … schauen Sie mal, hier sind so viele Besoffene! Wenn unsere Schwestern jetzt hierher kommen … die Männer grabschen, die sind besoffen, die wissen nicht, was sie machen!

Hamed: Deshalb sind wir für die Burka – denn wenn man Burka trägt, dann wird man nicht begrabscht.

Erster Jugendlicher: Ja, genau. Man sieht dann nicht, wie die Figur ist, das Gesicht – man sieht gar nichts.

Henryk: Und warum seid Ihr dann hier?

Zweiter Jugendlicher: Wir sind Jungs!

Henryk: Ja, entschuldige, aber Jungs essen, trinken, gehen aufs Klo, müssen schlafen … genau wie die Mädchen!

Vierter Jugendlicher: Die Jungs können sich wehren, die Weiber … äh, die Frauen nicht.

Henryk: Trinkt Ihr Alkohol?

Zweiter Jugendlicher: Nein.

Erster Jugendlicher: … Aber wenn meine Cousine hierher kommt und ich seh, sie ist hier offen, da offen *(zeigt auf die entsprechenden Körperstellen)*, dann schick' ich sie gleich nach Hause.

Henryk: Wieso darf sie das nicht?

Zweiter Jugendlicher: *(verärgert)* Aber Sie müssen uns doch verstehen …

Henryk: Nein, verstehe ich nicht: Die Jungs dürfen, die Mädchen nicht …

Zweiter Jugendlicher: Es ist unsere Religion!

Erster Jugendlicher: Aber schauen Sie mal, stellen Sie sich vor, Sie haben eine Frau, und sie kommt dann hier offen und da offen *(zeigt wieder auf die entsprechenden Körperstellen)* – und dann kommt ein Mann und begrabscht sie. Was machen Sie mit dem?

Henryk: Meine Frau wird nicht begrabscht.

Erster Jugendlicher: Aber was wenn?

Dritter Jugendlicher: Oder Ihre Tochter!

Zweiter Jugendlicher: Wenn Ihre Frau noch jung wäre!

176

Henryk: Meine Frau ist auch nicht begrabscht worden, als sie jung war.

Zweiter Jugendlicher: Aber was, wenn, sagen wir!

Henryk: Ich weiß nicht, was wenn wäre … Wenn wir in Australien wären, würden wir jetzt auf dem Kopf stehen.

Erster Jugendlicher: *(mit Nachdruck)* Aber schauen Sie, Sie wollen bestimmt nicht, dass Ihre Frau begrabscht wird, oder?

Henryk: Aber sie wird nicht begrabscht!

Erster Jugendlicher: Wie schützen Sie sie davor?

Henryk: Ich muss sie nicht schützen.

Es gibt auf der Welt tausend Verrückte, Vergewaltiger, alles.

Ja, aber die gibt's überall!

Hier gibt's Tausende Perverse!

Wenn hier so viele Perverse sind, warum kommt Ihr dann hierher?

Erster Jugendlicher: Wir sind Jungs!

Zweiter Jugendlicher: Wir sind zusammen!

Henryk: Aber Ihr könntet doch die Mädels in die Mitte nehmen und mit denen hier durchlaufen!

Erster Jugendlicher: Nein!

Zweiter Jugendlicher: *(zum ersten Jugendlichen)* Der will uns verarschen.

Erster Jugendlicher: *(zu Henryk)* Das ist doch Verarsche!

Henryk: Nein, ist es nicht! Ich frage mich nur, warum dürfen Jungs, und warum dürfen Mädchen nicht?

Erster Jugendlicher: Weil wir sie schützen wollen! Weil wir ihnen ihre Ehre lassen wollen! Die Ehre wird beschmutzt, wenn sie entjungfert wird. Das ist so! Das ist echt so! Das ist ätzend – Sie wollen doch keine Frau heiraten, die keine Jungfrau ist!

Henryk: Meine Frau war keine Jungfrau, als ich sie geheiratet habe.

Erster Jugendlicher: Eben! Das ist doch ätzend, oder?

Henryk: Nö.

Erster Jugendlicher *(schüttelt verständnislos den Kopf)*

Vierter Jugendlicher: Können Sie uns mal Ihr Gesicht zeigen?

Henryk: Nö, ich trage heute Burka.

Erster Jugendlicher: *(verständnislos)* Aber wieso, wieso?

Henryk: Als Demonstration für religiöse Toleranz. – Und wisst Ihr was? Wir sind jetzt eine Stunde hier herumgelaufen, und kein einziger Deutscher hat sich darüber aufgeregt. Das ist doch gut, oder?

Was tragen Juden eigentlich unter ihrer Burka?

Erster Jugendlicher: Das ist normal.

Vierter Jugendlicher: Die Deutschen geht's ja auch nichts an.

Henryk: Doch, es geht sie etwas an, aber die Deutschen haben es toleriert, dass jemand mit der Burka rumläuft.

Fünfter Jugendlicher: Es ist nicht die Religion der Deutschen, oder?

Henryk: Nein, aber sie regen sich auch nicht über andere auf. Die Deutschen sind doch ziemlich tolerant.

Vierter Jugendlicher: Sind Sie Muslim?

Henryk: Nein.

Vierter Jugendlicher: Warum machen Sie das dann?

Erster Jugendlicher: Wenn Sie Deutscher sind, dann laufen Sie doch auch so rum, wie die Deutschen rumlaufen.

Henryk: Ich sage ja, es ist eine Demonstration für religiöse Toleranz. – Mein Freund ist Moslem *(deutet auf Hamed)*.

Erster Jugendlicher: Dann verstecken Sie sich doch nicht hinter diesem Teil!

Henryk: Ich verstecke mich nicht – aber Ihr versteckt Eure Schwestern!

Erster Jugendlicher: *(trotzig)* Ja, natürlich machen wir das! Wir haben keinen Bock drauf, dass sie keine Ehre hat! Die Ehre ist das Wichtigste!

Hamed: Was bedeutet Ehre?

Erster Jugendlicher: *(stammelt)* Ehre ist … Ehre ist, wenn die … immer noch Jungfrau ist. So etwas halt. Wenn sie ihre Schönheit bedeckt, das ist Ehre.

Hamed: Das heißt, wenn sie ihre Jungfräulichkeit verliert am Tag der Heirat, dann hat sie keine Ehre mehr.

Erster Jugendlicher: Nein, mit dem Ehemann ist es ja normal.

Zweiter Jugendlicher: Schlampen! Es gibt den Koran sogar auf Deutsch übersetzt, nehmen Sie den, dann wissen Sie alles. Das ist ganz einfach.

Hamed: Was steht da drin?

Zweiter Jugendlicher: Alles, was Sie machen dürfen …

Erster Jugendlicher: Alles, was Sie über den Islam wissen wollen!

Zweiter Jugendlicher: Das ist unsere Religion!

Hamed: *(zum zweiten Jugendlichen)* Hast Du den Koran gelesen?

Zweiter Jugendlicher: Ja!

Dritter Jugendlicher: Ich habe ihn gelesen.

Hamed: Was steht drin?

Erster Jugendlicher: Vieles …

Dritter Jugendlicher: Ich weiß nicht, was da drin steht, aber ich habe ihn gelesen.

Erster Jugendlicher: Dafür gibt's Imams, die übersetzen es uns. Die sagen: Bedeckt Eure Frauen, bedeckt Eure Schwestern, bedeckt Eure … Alles! Die weibliche Seite müssen wir bedecken!

Zweiter Jugendlicher *(zu Hamed):* Was wissen Sie eigentlich über den Koran?

Hamed: Nein, erzähl mir mal, was Du weißt.

Zweiter Jugendlicher: Nein, ich frag' jetzt Sie – was wissen Sie darüber? Sie machen hier so 'ne Reportage, und ich will jetzt wissen, was Sie darüber wissen! Umsonst würden Sie diese Reportage ja nicht machen, oder nicht?

Erster Jugendlicher: *(zu Hamed)* Was sind Sie für ein Gläubiger?

Hamed: Ich bin Moslem.

Erster Jugendlicher: Moslem? Und Sie trinken Bier?

Hamed: Alkoholfrei.

Erster Jugendlicher: Alkoholfrei, ja? Das ist dann gut.

Zweiter Jugendlicher: Wie heißen Sie?

Hamed: Hamed.

Zweiter Jugendlicher: Woher kommen Sie?

Hamed: Aus Ägypten.

Henryk: *(zum zweiten Jugendlichen)* Sprichst Du Arabisch?

Zweiter Jugendlicher: Nein.

Erster Jugendlicher: Wir sind alle Türken. Außer ihm und ihm *(zeigt auf den vierten und den fünften Jugendlichen)* Er ist Inder. Und der hier ist Serbe.

Erster Jugendlicher: *(zu Henryk)* Und was sind Sie für ein Gläubiger?

Henryk: Ich bin Jude.

Erster Jugendlicher: Jude? Ja, okay. – Aber wenn ich im Fernsehen höre, dass das hier 'ne Verarschung war, dann schick ich gleich ganz viele Massenbeschwerden an die ARD. Ich schwöre, ich mach das!

Hamed: Warum Verarsche?

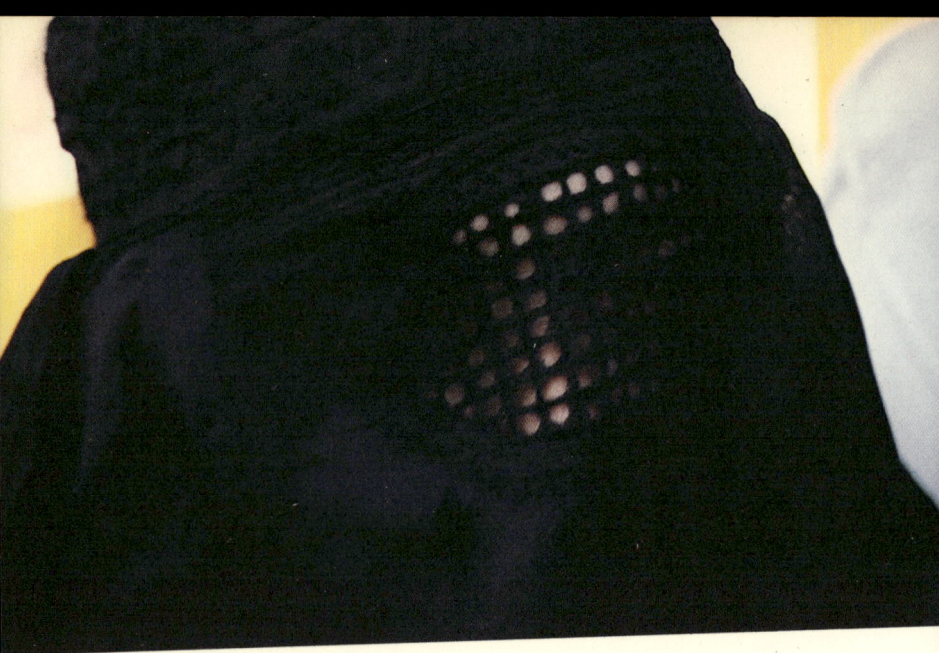

Erster Jugendlicher: Ich find's 'ne Verarschung.

Fünfter Jugendlicher: *(zu Henryk)* Schauen Sie sich mal an, was ist das? Ein Mann, oder …

Henryk: Ich trinke kein Bier! *(die Jugendlichen lachen.)*

Erster Jugendlicher: Das hat nichts damit zu tun.

Henryk: Ich grabsche keine Frauen an.

Erster Jugendlicher: Sie sind ein Mann, oder?

Hamed: Wir machen alles, was der Hodscha sagt: Kein Bier trinken, keine Frauen begrabschen.

Zweiter Jugendlicher: Gut, es gibt überall nette Menschen auf der Welt. Auch ohne Kopfbedeckung und so. Das sind alles nette Menschen. Aber wenn die Frau jetzt beispielsweise älter sein sollte, vierzig, fünfzig, dann sollte sie schon anfangen, ein Kopftuch aufzusetzen.

Hamed: Warum? Sie sollte eher ein Kopftuch tragen, solange sie noch hübsch ist, nicht, wenn sie alt ist! Das macht doch dann keinen Sinn.

Henryk: *(bietet den Jugendlichen inzwischen gebrannte Erdnüsse an. Sie lehnen ab)* Mögt Ihr keine Erdnüsse?

Dritter Jugendlicher: Nein, aber ich habe Sie was gefragt: Wieso können Sie nicht einfach normal hier rumspazieren?

Henryk: Ich laufe doch völlig normal herum! *(zeigt auf Hamed in bayerischer Tracht)* Er läuft auch völlig normal herum!

Dritter Jugendlicher: Aber Sie sind ein Mann! Und ein Mann trägt so was nicht!

Henryk: Gibt's irgendwo im Koran ein Burka-Verbot für Männer?

Dritter Jugendlicher: Nein. – Also soll das sozusagen eine Verarschung sein?

Henryk: Nein!

Erster Jugendlicher: Für Männer gibt es andere Kopfbedeckungen, zum Beispiel eine Kappe.

Hamed: Hab ich auch! *(zeigt auf seinen Trachtenhut)*

Erster Jugendlicher: *(lacht)* Das ist ein Hut, Mann ey!

Hamed: Hauptsache Kopfbedeckung!

Erster Jugendlicher: Das ist aber nicht islamisch, das ist bayerisch!

Unvermittelt entwickelt sich ein Gespräch über Terrorismus.

Erster Jugendlicher: Schauen Sie, im Fernsehen heißt es immer: Terroristen, Al-Qaida, dies und das … Aber der 11. September, der war geplant von den Juden, von George Bush und von Osama Bin-Laden. Das war so! Am Tag vom 11. September war kein einziger Jude in dem Haus. Das war geplant. Und die Moslems hatten damit gar nichts zu tun!

Zweiter Jugendlicher: In diesem World Trade Center waren auch Muslime drinnen. Oft waren es Muslime, die gestorben sind. Wenn Sie sich die Liste anschauen, stehen dort auch Tausende muslimische Namen.

Hamed: Und keine Juden darunter?

Zweiter Jugendlicher: Das weiß ich nicht. Aber es waren Muslime dabei.

Dritter Jugendlicher: *(zu Henryk)* Wozu machen die Amerikaner das? Wozu haben sie den Koran verbrannt?

Erster Jugendlicher: *(zu Hamed)* Am 11. September hat er den Koran verbrannt, am 15. wurde er selbst verbrannt.

Dritter Jugendlicher: Ja, Mann. Deswegen war's kein Unfall. Ein Zeichen Allahs.

Erster Jugendlicher: *(zu Hamed, der eine Spielzeugwaffe in der Hand hält)* Warum haben Sie jetzt ausgerechnet eine Waffe?

Hamed: Das ist Spielzeugwaffe, Mann!

Erster Jugendlicher: Aber Spielzeug mit Gewalt!

Hamed: Warum fühlst Du Dich angesprochen?

Erster Jugendlicher: Weil wir Muslime sind und weil die in den Medien zurzeit nur noch Terrorismus zeigen!

Hamed: Aber das ist nur ein Spielzeug. Hab ich gerade beim Nageleinschlagen gewonnen.

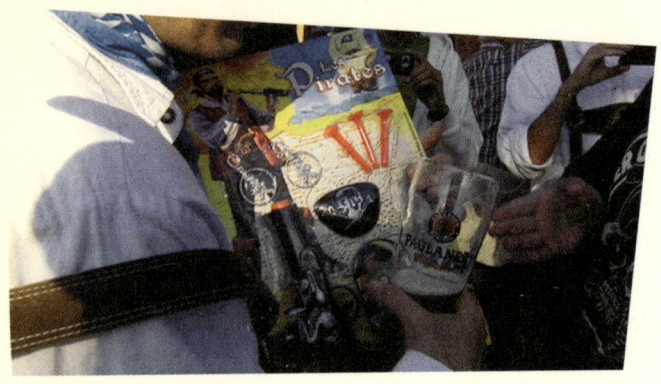

Erster Jugendlicher: Ja, wenn die Kinder jetzt mit so etwas rumgehen, wenn die jetzt mit so einem Scheiß aufwachsen, mit Peng-Peng-Peng und so, dann werden die richtige Psychopathen und dann bringen sie Leute um.

Hamed: Also Amoklauf?

Erster Jugendlicher: Ja, so ist es.

Hamed: *(zum zweiten Jugendlichen)* Wie heißt Du?

Zweiter Jugendlicher: Yasin.

Erster Jugendlicher: Aka.

Vierter Jugendlicher: Deniz

Fünfter Jugendlicher: Osman.

Sechster Jugendlicher: Erhan.

Hamed: *(zum zweiten Jugendlichen)* Eine Sure aus dem Koran heißt Yasin.

Zweiter Jugendlicher: Noch eine letzte Frage: Sind Sie Muslim?

Hamed: Ja.

*(die Jugendlichen verabschieden sich mit einem türkischen Gruß
und gehen)*
Henryk: Die waren ja voll integriert!
Hamed: Gell, findsch au?
Henryk: Find' ich auch!

🐾

Sie waren übrigens allesamt nette Jungs,
die man nicht einfach als Integrations-
verweigerer abstempeln darf. Aber der
Chip war in ihren Köpfen drin, der
gleiche kulturelle Chip wie beim
Schwabinger Bäcker: Diese ungerecht-
fertigte moralische Überlegenheit vie-
ler Moslems gegenüber ihrem Gastland und seinen Sitten.
Man braucht kein Hellseher zu sein, um zu wissen, dass
diese jungen Männer nur Jungfrauen aus ihrem Kulturkreis
heiraten und später ihre Töchter vom Schwimm- und Sport-
unterricht fernhalten werden.

Ich will nicht sagen, »jemand mit dieser Einstellung
hat in Deutschland nicht zu suchen«, aber darf man das
bitte wenigstens für das Jubiläums-Oktoberfest verlan-
gen! Von wegen. Am Ende waren es wir, die Integrierten,
die die Wiesn verlassen mussten. Die Wiesn-Leitung hatte
die Befürchtung, dass sich arabische Gäste von Henryks
Burka in ihren religiösen Gefühlen verletzt fühlen
könnten. Die Präventivparanoia hat ihre eigenen Gesetze:
Burka-Verbot, nein! Außer für Juden über sechzig. Als wir
endlich verschwunden waren, war die Würde des Oktober-
fests wiederhergestellt.

Platzverweis
mit 0,0 Promille.
Alle Achtung!

Schalom
und Salam!

Henryk und Hamed sitzen auf einem Parkplatz vor dem
Supermarkt »Kaufland«.

Kameltreiber!

Judenbengel!

Sklavenhändler!

Zinswucherer!

Hamed: Zionist!

Henryk: Terroristenversteher!

Hamed: Daueropfer!

Henryk: Beleidigte Knoblauchwurst!

Hamed: Landbesetzer!

Henryk: Bombenleger!

Hamed: Koscherfresser!

Henryk: Ziegenficker!

Hamed: Blutsauger!

Henryk: Ehrenmörder!

Hamed: Geldgieriger Geizkragen!

Henryk: Schmarotzer!

Hamed: Brunnenvergifter!

Henryk: Freizeitpilot!

Hamed: Hassprediger!

Henryk: Sandneger!

Hamed: *(überlegt ein wenig)* ... Sind wir jetzt durch?

Henryk: Ich glaub', ja.

Hamed: Dann lass uns gehen.

Henryk und Hamed stehen auf.

Henryk: Jallah! – Komm, Wilma, komm.

**Ich hab'
die Schnauze
voll!**

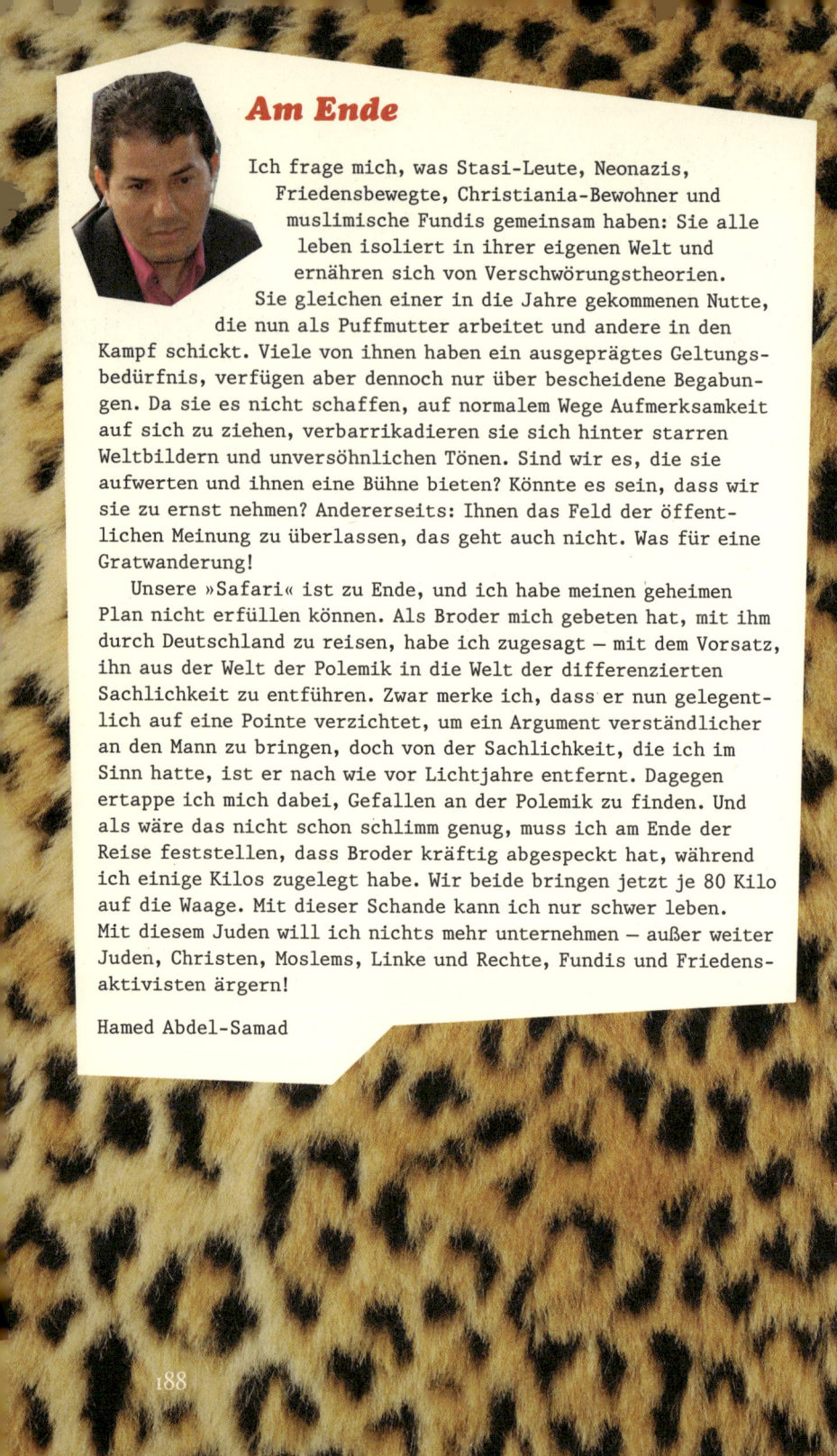

Am Ende

Ich frage mich, was Stasi-Leute, Neonazis, Friedensbewegte, Christiania-Bewohner und muslimische Fundis gemeinsam haben: Sie alle leben isoliert in ihrer eigenen Welt und ernähren sich von Verschwörungstheorien. Sie gleichen einer in die Jahre gekommenen Nutte, die nun als Puffmutter arbeitet und andere in den Kampf schickt. Viele von ihnen haben ein ausgeprägtes Geltungsbedürfnis, verfügen aber dennoch nur über bescheidene Begabungen. Da sie es nicht schaffen, auf normalem Wege Aufmerksamkeit auf sich zu ziehen, verbarrikadieren sie sich hinter starren Weltbildern und unversöhnlichen Tönen. Sind wir es, die sie aufwerten und ihnen eine Bühne bieten? Könnte es sein, dass wir sie zu ernst nehmen? Andererseits: Ihnen das Feld der öffentlichen Meinung zu überlassen, das geht auch nicht. Was für eine Gratwanderung!

Unsere »Safari« ist zu Ende, und ich habe meinen geheimen Plan nicht erfüllen können. Als Broder mich gebeten hat, mit ihm durch Deutschland zu reisen, habe ich zugesagt – mit dem Vorsatz, ihn aus der Welt der Polemik in die Welt der differenzierten Sachlichkeit zu entführen. Zwar merke ich, dass er nun gelegentlich auf eine Pointe verzichtet, um ein Argument verständlicher an den Mann zu bringen, doch von der Sachlichkeit, die ich im Sinn hatte, ist er nach wie vor Lichtjahre entfernt. Dagegen ertappe ich mich dabei, Gefallen an der Polemik zu finden. Und als wäre das nicht schon schlimm genug, muss ich am Ende der Reise feststellen, dass Broder kräftig abgespeckt hat, während ich einige Kilos zugelegt habe. Wir beide bringen jetzt je 80 Kilo auf die Waage. Mit dieser Schande kann ich nur schwer leben. Mit diesem Juden will ich nichts mehr unternehmen – außer weiter Juden, Christen, Moslems, Linke und Rechte, Fundis und Friedensaktivisten ärgern!

Hamed Abdel-Samad

Das Letzte

Das war's. Wir sind am Ende unserer Deutschland-Safari, nach 30.000 Kilometern kreuz und quer durch Deutschland. Es war wohl die längste Strecke, die ein Jude und ein Moslem je zusammen zurückgelegt haben, ohne sich an die Gurgel zu gehen. Jetzt wäre eigentlich ein Preis fällig – für Toleranz und respektvollen Umgang miteinander. Ich habe es toleriert, dass Hamed Bier trinkt, Hamed hat es toleriert, dass ich ab und zu eine Schweinshaxe gegessen habe. So gehört es sich! Das ist angewandte friedliche Koexistenz im 21. Jahrhundert. Was uns verbindet, das ist die Liebe zum Essen und die Bewunderung für die vielen Beweise Gottes, denen wir unterwegs begegnet sind.

Was machen wir als Nächstes? Wir überlegen noch. Entweder wir legen einen Plan für die Lösung der Palästinafrage vor (ein Joint-Venture von Israelis und Palästinensern unter der Schirmherrschaft von Constantin Film und Bernd Eichinger, gesponsert von der Konrad-Adenauer-Stiftung), oder wir gehen auf Tournee – als Vortruppe der Harlem Globetrotters. Wahrscheinlich werden wir als Erstes eine NGO gründen, den Namen haben wir schon: »Die Sarrazenen«. Oder finden Sie »Zwei außer Rand und Band« besser?

Henryk M. Broder

Ich habe mein Bestes gegeben

30.000 Kilometer im Auto mit einem Juden und einem Moslem durch Deutschland zu brettern, das ist zu viel für einen kleinen Hund! Und dann noch die ewige Besserwisserei und Kabbelei der beiden Herren auf den Vordersitzen: Integration, Migration, Religion, Pazifismus … – was für Folterthemen. Ich kann es nicht mehr hören! Um es auch einmal polemisch auszudrücken: ein wahres Guantanamo für Hunde! Und von wegen „Gottesbeweise", die sie einem ja versprochen hatten: Keine Spur davon. Oder steckt Gott etwa in jeder Schweinshaxe, jedem Döner oder in Pommes rot/weiß? Wäre Kurt nicht gewesen mit seinem beruhigenden Schnurren, ich weiß nicht, ob nicht doch der Hund in mir einmal durchgegangen wäre. Aber ich habe bis zuletzt unter höchster Selbstverleugnung mein Bestes gegeben. Mein Distinktionsbedürfnis lässt mich nun jedoch ernsthaft erwägen, einen Verein zu gründen: „Hunde für den Frieden". Dann muss ich vielleicht das nächste Mal nicht mehr mit …

Wilma

Entweder Broder –
Die Deutschland-Safari

mit

Henryk

Henryk »Modest« Broder ist ein »Beute-Deutscher«. Er war 12,
als er mit seinen Eltern aus Polen über Wien nach Köln kam, wo er
1966 das Abitur machte. Die freien Religionsstunden verbrachte er
in einem Antiquariat mit der Lektüre von »Fanny Hill«, »Josephine
Mutzenbacher« und der »Vollkommenen Ehe« von Theodor
Hendrik van de Velde. Dementsprechend begann er seine Karriere
als Journalist mit einem Gastspiel bei den Hamburger »St. Pauli
Nachrichten«. Später schrieb er für die FR, die FAZ, die SZ und die
ZEIT. Seit 1995 reist er für den SPIEGEL und SPON durch Deutschland und die Welt. Broder sammelt Schneekugeln, religiösen Kitsch
und Lamellen aus Elfenbein. Sein Motto ist eine Empfehlung von
Sartre: »Man soll keine Dummheit zweimal begehen, die Auswahl
ist schließlich groß genug.«

Hamed

Hamed Abdel-Samad wurde unter Palmen geboren, in einem Dorf
bei Gizeh in Ägypten als Sohn eines Imams. Noch bevor er lesen
und schreiben konnte, kannte er den Koran schon auswendig. Mit
18 beschloss er, Islamist zu werden, mit 23 kam er nach Deutschland, um hier Politik und deutsche Lebensart zu studieren. So kam
er auf die Idee, seinen »Migrationshintergrund in den Vordergrund
zu schieben«. Außer Arabisch, Englisch, Französisch und Deutsch
spricht und schreibt er auch Japanisch. Er ist Mitglied der 2. Deutschen Islam-Konferenz. Sein Leitmotiv: »Ich bin vom Glauben zum
Wissen konvertiert.«

Wilma

Wilma wurde am 01.06.2000 geboren. Der Züchter, ein rheinlän-
discher Maurer-Polier, der sich nach Niederbayern verirrt hatte,
hing augenscheinlich mehr an seinen Foxterriern als an seinen
beiden Kindern. Wilma war die schönste, aber auch die schläfrigste

Hündin im Wurf. Als sie noch ein kleiner Welpe war, schmissen sich Passantinnen reihenweise auf den Asphalt, um das Wollknäuel zu streicheln. Seit ihrem ersten Friseurbesuch bei einem lauten italienischen Figaro steht ihr rechtes Ohr aufrecht – und zwar bis heute! Beim Anblick der tätowierten Identifikationsnummer in Wilmas Stehohr rief Jacques, der Besitzer des Münchner Restaurants »Cohen's«, entzückt: »Die ist ja eine von uns!«

Wilma wurde nach dem alten Grundsatz der Sixties »You're okay, I'm okay!« erzogen. Also eigentlich gar nicht. Früh wurde Wert auf ein Maximum an hündischer Eigenverantwortung gelegt – Wilma hat folglich nie gelernt, an der Leine zu gehen. Sie wurde schon zweimal von anderen Hunden gebissen, und das, obwohl sie selbst extrem gutmütig ist und niemals weder Mensch noch Tier verletzt hat. Wilma ist Langschläferin, ballsüchtig und eine echte Zicke, was Essen anlangt. Nur das Beste ist gerade mal gut genug. Ihr Motto: »Lieber San-Daniele- und Parma-Schinken als Herta-Massenware.« Und weil sie so niedlich aussieht, lässt man ihr fast alles durchgehen. Laut Charles Schumann ist Wilma der einzige Hund, der in seiner Bar auf der Bank sitzen darf.

Kurt, der Kosmopolit aus Kalmar

Den Namen Kurt trägt der alte, kantige, wie von Kinderhand gezeichnete 760er Volvo wegen des Westergaard-Porträts auf seinem Dach. Kosmopolit ist er wegen seiner Gene: Nüchternes skandinavisches Design mit amerikanischer Anmutung dominiert die Karosserie. Die Maschine der GLE Version entstammt einer gemeinschaftlichen Entwicklung der Franzosen Citroen, Peugeot und Renault – und hieß deswegen Europa-Motor. Übrigens: Hamed und seine islamischen Glaubensbrüder haben zu verantworten, dass aus dem geplanten V8 »nur« ein V6 wurde. Der ägyptisch-syrische Angriff auf Israel an Jom Kippur führte zur weltweiten Ölkrise 1973, das löste im eigens geschaffenen schwedisch-französischen Motorenwerk in Douvrain die panische Kastration von zwei Zylindern aus. Und by the way: Das Getriebe ist eine japanische Lizenzfertigung, basierend auf einer britischen Konstruktion. GLE steht für Grand Luxe Executive, und damit qualifiziert sich der Wagen zum »Generaldirektor Hasenclever«-Modell aus dem Hause Volvo mit Multilink Hinterachse, Viergang-Automatik und drehmomentstarkem, großvolumigem V6-Alumotor. Er wurde 1988 gebaut. Ein sehr zivilisiertes, leises und ausdauerndes

Langstreckenfahrzeug, und auch nach 22 Jahren noch rostfrei, weil alle wesentlichen Teile serienmäßig verzinkt wurden. Der 760er wurde in den 80-ern in Schweden von privilegierten und glücklichen Arbeitern in kleinen Montage-Teams in Handarbeit gefertigt, da wurde jede Schraube doppelt angezogen! Die Zeitschrift »Auto, Motor und Sport« bescheinigte dem Volvo damals, er sei besser verarbeitet als ein Mercedes. Also: Der Rolls Royce für den kleinen Mann.

Das Team

Autoren:	Joachim Schroeder
	Tobias Streck
	Claudio Schmid
Recherche:	Henriette Schroeder
	Sonja Valesca Büker
Kamera:	Matthias Benzing
	Phillipp Greitner
	Tim Maxeiner (auch Foto S. 2/3)
	Jürgen Kinateder
Ton:	Robert Richert
	Daniel Bernhardt
Montage:	Claudio Schmid
	Tobias Streck
Juristen:	Dr. Michael Koenig
	Stephan Richter
Produzent:	Joachim Schroeder
TV-Redaktion:	Esther Schapira (HR)
	Georg Hafner (HR)
	Sabine Scharnagl (BR)
	Marie-Elisabeth Denzer (SR)

Die Bilder und Texte entstammen der Fernsehserie »Entweder Broder«, einer Co-Produktion von Preview Production München mit dem HR, BR und SR für die ARD.